Witzigmann's

Familien-Kochbuch

Dieses Buch widme ich meiner Familie und dabei insbesondere meinen Enkeln Marietta, Alois und Marlene, mit dem Wunsch, dass sie die Esskultur unserer Familie stets pflegen und sie – wie ihre Eltern, meine Tochter Véronique und mein Sohn Max – später auch an ihre Kinder weitergeben.

In Liebe und Verbundenheit

Fotografiert von Nora Witzigmann

Eckart Witzigmann und Dr. Christine Eichel

Witzigmann's
Familien-Kochbuch

Christian Verlag

Inhalt

»Gebt den Kindern Geschmacksunterricht!«

Der Geschmack der Kindheit ist etwas, was man nie wieder vergisst. Eine dampfende Suppe, ein Festtagsbraten, ein duftender Gugelhupf auf dem gedeckten Tisch, das sind lebendige Erinnerungen, die man in sich trägt, ein Leben lang. Ich hatte Glück: Meine Mutter kochte jeden Tag für die Familie, abwechslungsreich, genussvoll und mit Freude. Es war völlig selbstverständlich, dass sich die Familie für die Mahlzeiten um den Tisch versammelte. Kochen und Essen waren ein fester Bestandteil des Familienlebens, etwas, was uns verband.

Die meisten Kinder heute haben nicht so viel Glück. Zum Frühstück bekommen sie gezuckerte Cornflakes, als Pausenbrot einen Schokoriegel, mittags ein Stück Kuchen vom Bäcker, und zwischendurch wird alles genascht, was in Griffweite steht. Abends vor dem Fernseher gibt es dann noch eine Tiefkühlpizza. Ein Horrorszenario? Nein, leider ist das die beschämende Realität. Genau so sieht heute der kulinarische Tagesablauf vieler Kinder aus. Zu vieler Kinder.

Zum ersten Mal stutzig geworden bin ich, als ich zu Gast in einer Schule war, um Kindern zu zeigen, welch ein Abenteuer das Schmecken sein kann. Auf einem Tisch lagen Löffel – einer mit Schokolade, einer mit Zitrone, dazu Artischocken, Peperoni, Salzstangen, zehn Löffel waren es insgesamt. Die Kinder kicherten erwartungsvoll. Dann wurde probiert. Ich musste fassungslos feststellen, dass unsere Kinder nicht mehr schmecken können! Sauer, salzig, bitter, süß oder scharf, es fiel ihnen schwer, das genau auseinander zu halten. Im Windschatten von Burgern und Convenience Food, im kulinarischen Störfeuer aus Aromastoffen und Geschmacksverstärkern haben sie das verloren, was die Basis allen genussvollen Essens ist – den Sinn für Unterschiede, die Wahrnehmung von Nuancen.

Halb so schlimm? Nein! Wir können diesen dramatischen Verfall der Esskultur nicht einfach hinnehmen. Geschmack kommt von Schmecken, das wird oft vergessen. Und weil die Kinder gar nicht mehr richtig schmecken können, stopfen sie alles achtlos in sich hinein, was sie im Supermarktregal finden. Was also tun?

Sie halten ein Buch in den Händen, das ein Familienkochbuch ist, und das meine ich ganz wörtlich. Die ganze Familie kann mitmachen, kann das Erlebnis Kochen teilen. Ich weiß, dass sich das Familienleben heute verändert hat. Viele Familien zerbrechen, die Zeit ist knapp, der Alltag ist eine Herausforderung geworden. Doch in Wahrheit ist richtiges Essen vor allem eine Frage des Bewusstseins. Ganz egal, ob eine allein erziehende Mutter mit ihrem Kind einen Risotto kocht, der Großvater mit seinem Enkel Plätzchen backt oder der Vater die Freunde seines Kindes zu Spaghetti einlädt – immer steht das gemeinsame Erlebnis im Vordergrund.

Sie finden in diesem Buch für jeden Monat des Jahres Anregungen, Informationen und Tipps. Wie kaufe ich sinnvoll ein? Woran erkenne ich gutes Fleisch? Wie hängen Ernährung und Gesundheit zusammen? Speziell ausgesuchte Rezepte in unterschiedlichen Schwierigkeitsgraden lassen Ihnen die Wahl, ob Sie auf die Schnelle etwas auf den Tisch stellen wollen oder ob Sie sich Zeit nehmen möchten. Im Rhythmus der Jahreszeiten können Sie sich zu kulinarischen Events inspirieren lassen, vom Familienbrunch über ein Sommerpicknick bis zu Halloween. Dass es dabei gesünder zugeht als beim unbedachten Griff zu Fertigprodukten, versteht sich von selbst. Aber das ist eher eine positive Nebenwirkung. Niemand möchte mit erhobenem Zeigefinger und mit einer Vitamintabelle neben dem Herd kochen. Lustvoll geht es deshalb in diesem Buch zu, sinnlich und fantasievoll. Es ist ein Mitmachbuch im besten Sinne. Deshalb gibt es auch in jedem Kapitel unter der Rubrik »Professor Pfefferkorn« einfache Geschmackstests, die Sie mit Ihren Kindern ausprobieren können. Denn Schmecken kann wirklich ein Abenteuer sein.

Ich wünsche Ihnen viel Freude beim
Entdecken dieses Buchs,

Januar

Professor Pfefferkorn

Gestatten, mein Name ist Professor Pfefferkorn. Von nun an dürft ihr mich jederzeit in meinem Labor besuchen. »Was für ein Labor denn?«, werdet ihr jetzt fragen. Es ist ein Geschmackslabor! Tja, da staunt ihr, was? Ich erforsche alles, was sich auf der Zunge abspielt. Ich teste, ob etwas süß oder salzig ist, bitter oder sauer, cremig oder knackig. Mit anderen Worten – ich habe den schönsten Beruf der Welt! Wissenschaft kann lecker schmecken, hättet ihr das gedacht? Und das Beste ist: Ich habe mir für euch jede Menge Tests ausgedacht, die ihr selber zu Hause ausprobieren könnt. Ihr könnt zum Beispiel einen Orangensafttest machen, einen Nusstest oder sogar einen Eistest! Und ihr erfahrt Dinge, die ihr vielleicht immer schon mal wissen wolltet: Warum wir Salz ins Essen tun, warum wir es brauchen und warum allzu viel davon ungesund ist. Neugierig geworden? Dann blättert mal in eurem Familienkochbuch. Ihr findet mich in jedem Kapitel, also: bis später!

Ein Nachmittag mit der Familie

Klirrende Kälte, steif gefrorene Finger und die Lust auf etwas Warmes: Die Winterzeit ist ein guter Auftakt, um die Familie zu Hause zu versammeln, Freunde einzuladen und die Küche zum wichtigsten Raum der Wohnung zu erklären.

Es ist eine Jahreszeit, in der Sehnsucht nach der sprichwörtlichen Nestwärme eine große Rolle spielt und in der eine heiße Schokolade oder ein duftender Gugelhupf im Ofen die Wohnung zur Festung gegen die frostige Luft draußen macht. Es ist auch der ideale Zeitpunkt für einen Neuanfang: Jetzt können Sie beginnen, das Kochen und das Essen neu zu entdecken – gemeinsam mit Ihren Kindern. Natürlich kennen wir alle die Ungeduld, mit der Kinder in die Küche stürmen und auf der Stelle etwas zu essen haben möchten. Wenn der Magen knurrt, hält sich die Begeisterung in Grenzen, mit Zutaten zu hantieren, Saucen zu rühren und Garzeiten abzuwarten. Bleiben Sie gelassen: Der erste Hunger ist schnell gestillt, wenn Sie etwas frisches Obst bereithalten, etwa Mandarinen, Orangen oder Bananen und eine Tasse heiße Milch oder ein Glas warmen Früchtetee mit Honig auf den Tisch stellen.

Das Abenteuer Kochen ist eine gute Möglichkeit, sich intensiv und sinnvoll Ihren Kindern zu widmen. Denn es ist eine Frage der inneren Haltung, ob man das Kochen als lästige Angelegenheit betrachtet, die man so schnell wie möglich absolviert, oder ob es Spaß macht und bei allen Vorfreude weckt. Vergessen Sie für einen Moment, dass Sie vielleicht gewohnt sind, Ihren Tagesablauf mit dem hektischen Blick zur Uhr zu überwachen. Nehmen Sie sich Zeit. Ein guter Start, um gemeinsam mit den Kindern das Kochen zu entdecken, könnte das Wochenende sein, ein Samstag oder Sonntag, an dem keine Termine und Verpflichtungen warten. Stellen Sie sich darauf ein, dass zunächst alles etwas länger dauert, stellen Sie sich aber auch darauf ein, dass Sie positive Überraschungen erleben werden: Denn Kinder können oft viel mehr, als wir ihnen zutrauen. Was am Wochenende erprobt wurde, kann später als Standard in den Alltag einziehen. Wenn die Handgriffe erst einmal sitzen, wenn Sie und die Kinder herausgefunden haben, was wer am besten kann, ist das Kochen im besten Sinne ein »Teamwork«, auf das alle stolz sein werden.

Ein Blick auf die Rezepte verrät, dass es nicht um komplizierte Meisterwerke gehen wird, sondern um Dinge, die einfach zuzubereiten sind, die nicht wirklich »schief gehen« können, bei der richtigen Zubereitung allerdings ein hohes Maß an Raffinesse entwickeln und zu echten Lieblingsrezepten werden

können. Denken Sie daran, dass Kinder neugierig sind und gerne experimentieren. Dazu gehört auch, dass sie besondere Geschmackserlebnisse zu schätzen wissen (insbesondere, wenn sie an der Entstehung beteiligt waren), auch wenn Skeptiker meinen, dass ihr Gaumen alles jenseits von Pommes und Würstchen ablehnt.

Verkürzen Sie Wartezeiten mit Experimenten aus »Professor Pfefferkorns Geschmackslabor«, zu denen Ihre Kinder auch Freunde einladen dürfen: Schmecken lernen ist eine gute Vorbereitung für künftige Gourmets. Mit der Zeit werden die Kinder unterscheiden lernen zwischen authentischem Geschmack und künstlichen Aromen. Ein selbst gemachtes Kartoffelpüree beispielsweise ist Lichtjahre von den gängigen Pulverprodukten entfernt, und eine Tomatensauce aus frischen Tomaten ist etwas völlig anderes als eine Fertigsauce aus dem Glas, die voller Konservierungsstoffe, Säureregulatoren, Bindemitteln und Geschmacksverstärkern ist.

Die Rezepte des Januar-Kapitels sind deftig und doch fein. Sie sind speziell für den Winter gedacht, doch sie schmecken zu allen Jahreszeiten, immer dann, wenn der Hunger wirklich groß ist oder etwas Wärmendes gut tut. Vor allem Kartoffeln haben hier eine geradezu magische Wirkung, denn sie machen wunderbar satt, ohne zu schwer zu sein.

Ein Höhepunkt dieses Kapitels ist der Hefegugelhupf. Er ist nicht gerade rasch und nebenbei gemacht, doch der Aufwand lohnt sich. Und für Kinder ist es auch gut zu erleben, wie viel Liebe und Mühe in einem einzigen Kuchen stecken können, denn der Respekt vor dem Essen ist nicht unwichtig, um ein neues, positives Verhältnis zum Kochen und Essen zu bekommen. Nehmen Sie sich am besten einen Samstagnachmittag Zeit – dann können Sie den Kuchen am Sonntag genießen. Am Freitag müssen Sie bereits den »Weizenhebel« ansetzen, der 24 Stunden Zeit braucht, um zu säuern. Am besten, Sie backen gleich zwei Gugelhupfe und verschenken einen – dieser köstliche Kuchen ist als Mitbringsel origineller als jeder Blumenstrauß. Zugegeben: Dieser Prachtkuchen ist weder kalorienarm noch zeitsparend. Doch gerade darauf kommt es gar nicht an. Von Zeit zu Zeit sollte man ihn unbedingt backen, als Geburtstagskuchen zum Beispiel oder zu anderen besonderen Anlässen, die einen besonderen Genuss und auch einen besonderen Arbeitsaufwand rechtfertigen. Und Kinder haben nicht nur Spaß daran, Teig zu kneten, sie lernen auch, was Hefe ist, warum Teig »geht« und »aufgehen« muss. Auf diese Weise erfahren sie beiläufig ein Kapitel Biochemie. Einen schnelleren Gugelhupf finden Sie auf Seite 13.

Heiße Schokolade mit Vanillearoma

Zutaten für 1 Liter – das reicht für 4 Personen:

200 g Zartbitterkuvertüre
1/2 Vanilleschote
550 ml Milch
450 ml Sahne
20 g Kakaopulver
2 EL Zucker (nach Geschmack)
etwas geschlagene Sahne und Schokospäne zum Garnieren

1) Die Kuvertüre in kleine Stücke schneiden. Die Vanilleschote der Länge nach halbieren, das Mark herauskratzen.

2) Milch und Sahne, die aufgeschlitzte Vanilleschote samt Vanillemark und das Kakaopulver unter ständigem Rühren aufkochen.

3) Klein geschnittene Kuvertüre dazugeben, nochmals durchrühren, Topf vom Herd nehmen und abgedeckt etwa 10 Minuten ziehen lassen. Vorsicht, nicht mehr kochen lassen!

4) Je nach Geschmack mit Zucker verfeinern. Die Vanilleschote entfernen. Am besten in vorgewärmte Tassen füllen und servieren. Je nach Geschmack kann man die Schokolade noch mit einem Klacks Schlagsahne verfeinern und mit Schokoladenspänen dekorieren – und der Glücklichmacher für kalte Wintertage ist perfekt.

Bananenbrot

Zutaten für 1 Kastenform

3 sehr reife Bananen
100 g Weizenvollkornmehl
200 g Mehl (Type 405)
2 TL Backpulver
40 g Rosinen
40 g Walnüsse, gehackt
Mark von einer Vanilleschote
120 ml Milch
150 g Zucker
1 EL Honig
1 Ei (Größe M)
Saft von 1/2 Zitrone
80 ml Sonnenblumenöl
nach Belieben außerdem 15 g Ingwer

1) Den Backofen auf 180 °C vorheizen. Die Bananen mit einer Gabel zerdrücken. Das Mehl mit Backpulver, Rosinen und Walnüssen vermischen. Die Vanilleschote mit einem spitzen Messer längs aufschlitzen und das Mark auskratzen, zur Milch geben und diese einmal aufkochen lassen, vom Herd ziehen.

2) Die abgekühlte Vanillemilch in einer großen Schüssel mit dem Zucker, dem Honig, dem Ei, dem Zitronensaft und dem Öl vermischen. Nun zuerst die Bananen, den geschälten und fein geriebenen Ingwer und zum Schluss die Mehlmischung unterheben. Die Kastenform mit Öl auspinseln, den Teig einfüllen und etwa 50 Minuten backen (Garprobe machen: Mit einem Holzspießchen in den Kuchen stechen. Wenn keine Teigkrümel mehr daran kleben bleiben, ist das Bananenbrot gar).

3) Nach dem Backen das Bananenbrot etwa 10 Minuten auskühlen lassen, dann stürzen.

Gugelhupf nach einem Rezept von Ingrid Ahrendt

Zutaten für eine Gugelhupfform

125 g Butter
125 g Butterschmalz
140 g Puderzucker
1 Päckchen Vanillezucker
6 Eigelbe
4 EL Sahne
1 EL Rum
10 Tropfen Bittermandelaroma
1 Msp. Salz
6 Eiweiße
110 g Zucker
200 g Mehl
50 g Maisstärke
1/2 TL Backpulver
Schalenabrieb von 1/2 unbehandelten Zitrone
Butter und Mehl für die Form

1) Den Backofen auf 200 °C vorheizen. Die zimmerwarme Butter und das Butterschmalz in einer Schüssel sehr gut schaumig rühren. Puderzucker und Vanillezucker dazugeben, cremig aufschlagen. Nach und nach die Eigelbe unterrühren. Vorsichtig und tropfenweise die Sahne, den Rum, das Salz und das Bittermandelaroma dazugeben.

2) Die kalten Eiweiße mit Zucker zu Schnee schlagen, 1 EL der Maisstärke unterrühren.

3) Die Schaummasse unter die Eigelbcreme heben. Das Mehl mit der restlichen Maisstärke, Backpulver und Zitronenschale vermischen und ebenfalls unterheben.

4) Eine Gugelhupfform rasch ausbuttern und mit Mehl ausstäuben. Den Teig einfüllen und die Form auf der unteren Schiene einschieben. Die Temperatur auf 180 °C zurückschalten und den Kuchen etwa 1 Stunde backen.

5) Nach dieser Zeit die Stäbchenprobe machen: Wenn kein Teig mehr am Holz kleben bleibt, ist der Kuchen fertig. Den Gugelhupf im ausgeschalteten Ofen und bei leicht geöffneter Tür noch 10 Minuten ruhen lassen. Nach völligem Auskühlen aus der Form stürzen.

6) Zum Fertigstellen den Gugelhupf nach Wunsch mit Puderzucker bestäuben oder mit Schokoladenglasur überziehen.

Hefegugelhupf

Zutaten für eine große Gugelhupfform

Für den Weizenhebel:
50 g Weizenvollkornmehl
50 ml Wasser

Für den Teig:
400 g Mehl
60 ml lauwarme Milch
30 g Hefe
3 Eier (150 g)
1 Eigelb (20 g)
60 g Zucker
200 g zimmerwarme Butter
5 g Salz
10 ml Rum
60 g Rosinen
60 g Korinthen
50 g geschälte gehackte Mandeln
10 g Orangeat
10 g Zitronat
150 g flüssige Butter
2–3 EL Puderzucker

Zum Tränken:
60 ml Wasser
60 g Zucker
15 ml Orangensaft
Mark von 1 Vanilleschote
1/2 Zimtstange
5 Tropfen Bittermandelöl

1) Für den Weizenhebel das Mehl und 50 ml Wasser vermischen, mit Klarsichtfolie zudecken und 24 Stunden bei Zimmertemperatur säuern lassen.

2) Für die Tränkflüssigkeit alle Zutaten aufkochen und durchziehen lassen.

3) Für den Teig das Mehl sieben, die Milch mit der Hefe verrühren. Aus dem Mehl, der Milch-Hefe-Mischung, Eiern, Zucker und dem Weizenhebel einen glatten Teig kneten. Die Butter und das Salz mit dem elektrischen Handrührgerät (Stufe 2) unterkneten.

4) Wenn die Butter gut eingearbeitet ist und der Teig Blasen wirft, den Rum, die Früchte, die Mandeln, Orangeat und Zitronat unterkneten. Den fertigen Teig leicht mit Mehl bestäuben, mit Klarsichtfolie zudecken und 2 Stunden im Kühlschrank gehen lassen. Danach nochmals kräftig durchkneten.

5) Die Gugelhupfform mit Butter einfetten. Den Teig hineingeben, mit Klarsichtfolie abdecken und bei Zimmertemperatur etwa 3 bis 4 Stunden gehen lassen. Den Backofen auf 170 °C (Heißluft) vorheizen.

6) Den Kuchen im vorgeheizten Backofen etwa 55 Minuten backen. Dann aus dem Ofen nehmen und auf ein Kuchengitter stürzen. Die Tränkflüssigkeit durch ein feines Sieb gießen und den Kuchen damit bestreichen. Mit der flüssigen, aber nicht heißen Butter einpinseln. Zum Schluss mit Puderzucker bestäuben.

Tipp: Für die Zubereitung des Teiges sollen alle Zutaten Zimmertemperatur haben.

Winter mit Gugelhupf

Ich bin in einem berühmten Skigebiet aufgewachsen – in Bad Gastein. Winter, das hieß für uns Kinder deshalb: Rodeln, Schlittschuhlaufen, Skifahren! Ganze Nachmittage verbrachte ich auf dem Eislaufplatz, und weil ich selber keine Schlittschuhe besaß, lieh ich sie mir von meinem Cousin. Die Schlittschuhe wurden damals noch auf die Stiefel geschraubt, und dass wir erst einmal stürzten, bevor wir es zur Meisterschaft brachten, nahmen wir ohne größere Dramen hin. Danach lieferten wir uns erbitterte Schneeballschlachten oder bauten Schneeigel und Schneeburgen. Damals sagten wir immer: »Andere Kinder bauen sich ihre Burgen im Sand, wir bauen sie mit Schnee.« Besonders gut erinnern kann ich mich daran, wie ich als kleiner Bub – ich war gerade Schulanfänger – mit etwa sechs Jahren meinen ersten Preis beim Schulwettbewerb im Skilaufen gewann. Das war eine Sensation. Ein Sportler der österreichischen Nationalmannschaft, damals mit der beste Slalomläufer der Welt, wachste persönlich unsere Skier. So schnell war ich vorher noch nie gefahren! Mit einem Mordstempo sauste ich über die Ziellinie und bekam als Trophäe mein erstes eigenes Paar Skier – und einen wunderbar duftenden Gugelhupf. **Der Gugelhupf war mein Lieblingskuchen!** Meine Mutter backte ihn oft, und obwohl sie es nicht gern sah, steckte ich immer einen Finger in die Mischung aus Zucker und Ei in der Rührschüssel und schleckte ihn ab. Es schmeckte aber auch zu gut! Im Winter, wenn ich nach dem Schlittschuhlaufen oder Skifahren nach Hause kam, war so ein lauwarmer Gugelhupf das Beste, was mir passieren konnte. Leider kam er meist nur sonntags auf den Tisch – denn er ist schon ein wahres Ereignis, und die Zubereitung dauert zugegebenermaßen ziemlich lange. Aber das lohnt sich. Dazu ein Glas heiße Schokolade, und sofort war mir wieder warm. Danach saß die ganze Familie am Esstisch, und wir spielten stundenlang »Mensch-ärgere-dich-nicht«.

Gut erinnern kann ich mich auch noch an die Düfte, wenn ich im Winter mittags verfroren von der Schule nach Hause kam. Die Kartoffelgröstl mit Spinat und Spiegelei, die meine Mutter machte, waren köstlich. Ebenso die Bratkartoffeln mit übrig gebliebenem Suppenfleisch oder Braten mit braunen Zwiebeln, auch wenn es sich meist um eine Resteverwertung handelte. Oder ihr herrliches Kartoffelpüree – das sind Dinge, die man nie vergisst.

Meine Mutter war übrigens nicht nur eine engagierte Köchin, sie hatte sich auch bei der Volkshochschule für Kochkurse eingeschrieben. Zusammen mit meiner Tante, die für damalige Verhältnisse schon extrem gesundheitsbewusst war, lernte sie viele neue Dinge, was Nährwert und Vitamine betrifft. Tante Greti war sogar ein rechter Gesundheitsapostel, sie stellte selbst einen Arnika-Schnaps her, nach einem Geheimrezept, das sie für sich behielt.

Die Rezepte dieses Kapitels rufen wunderbare kulinarische Kindheitserlebnisse in mir wach. Gerade die Kartoffelgerichte können Leibgerichte werden, die noch im Erwachsenenalter Begeisterung hervorrufen. Es sind Klassiker, die Sie zudem mit wenig Aufwand in Gourmetvarianten verwandeln können.

Kartoffeln

»Tartüffel« • »Tartùfo« • Kartoffel

Schon der Name klingt witzig: Kartoffel. Dass sie so heißt, liegt an einer kuriosen Verwechslung: Ursprünglich nannte man sie »Tartüffel«, weil man sie mit den Trüffeln verwechselte, die auf Italienisch »Tartùfo« heißen. Die Trüffel aber ist ein kostbarer Pilz – und die Kartoffel ist die Wurzelknolle der Kartoffelpflanze. Deshalb hat sie in manchen Landstrichen auch den schönen Namen »Erdapfel«. Die Kartoffel kommt ursprünglich nicht aus Deutschland, obwohl man meinen könnte, sie sei das deutscheste aller Nahrungsmittel. Eigentlich ist sie ein echter Exot: Ihre Heimat ist Südamerika, sie war das Hauptnahrungsmittel der südamerikanischen Indianer. Als die Spanier im 16. Jahrhundert Südamerika entdeckten, brachten sie von dort die kleine braune Knolle mit, die uns heute in einer großen Vielfalt auf dem Tisch begegnet, als Salzkartoffeln, Bratkartoffeln, Pommes frites oder Kartoffelsuppe. Der Siegeszug der Kartoffel begann, als nach den großen Kriegen in ganz Europa Hungersnöte herrschten. Einige Landesfürsten erkannten, dass die Kartoffel ein ideales Grundnahrungsmittel ist, denn sie ist leicht anzubauen und daher preiswert. Außerdem sind Kartoffeln ideale Energielieferanten und sehr gesund. Außer jeder Menge Wasser enthalten sie 10 bis 20 % Stärke, 2 % Eiweiß, Mineralstoffe, Spurenelemente, verschiedene Vitamine und praktisch kein Fett. Friedrich der Große, König von Preußen, ließ Kartoffeln erstmals im großen Stil anbauen, um seine Untertanen satt zu machen. Das brachte ihm den Spitznamen »Kartoffel-Preuße« ein. Dabei waren seine Bauern zunächst wenig begeistert: Sie probierten nämlich die Blätter der Kartoffel, die bitter schmecken, die Früchte sind sogar giftig.

Erst als man ihnen sagte, dass die Knollen essbar seien, trat die Kartoffel ihren Siegeszug in die Küche an.

Seither gibt es unzählige Sorten, wobei man zwischen fest kochenden und mehlig kochenden Kartoffeln unterscheidet. Die fest kochenden Kartoffeln, etwa die Sorten »Linda« oder »Sieglinde«, sind geeignet für Salzkartoffeln und Kartoffelsalat, die mehlig kochenden, beispielsweise »Irmgard«, für Kartoffelpüree. Feinschmecker schätzen die seltenen »Bamberger Hörnchen«, eine Sorte mit besonders kleinen Knollen, die einen außergewöhnlich feinen Geschmack haben. Es gibt sogar lilafarbige Kartoffeln. Dabei handelt es sich um alte Sorten, die heute wieder entdeckt und angebaut werden: Macht man daraus ein Kartoffelpüree, so ist das natürlich ebenfalls lila und ein echter Hingucker!

Kartoffeln müssen immer kühl und dunkel gelagert werden, allerdings nicht im Kühlschrank, denn da ist es zu kalt und vor allem viel zu feucht. Bekommen die Kartoffeln Licht ab, entwickeln sie die so genannten »Augen«, das sind Triebe, die unbedingt großzügig entfernt werden müssen: Sie enthalten Solanin, ein möglicherweise krebserregendes Alkanoid, das durchs Kochen nicht zerstört wird.

kartoffelgulasch mit kichererbsen und pikanten Würstchen

Zutaten für 8 Personen:

300 g Kichererbsen (über Nacht eingeweicht)
1 Zwiebel, gespickt mit 1 Lorbeerblatt und 3 Nelken
1 Bouquet garni (aus Lauch, 2 Thymianzweigen, einigen Petersilienstängeln, mit Küchengarn zusammengebunden)
250 g Wammerl (Schweinebauch, mild geräuchert)
2 g Kümmel
2–3 geschälte Knoblauchzehen
1 EL Butter
1 EL Schweineschmalz
800 g geschälte weiße Zwiebeln, etwa 1 cm groß gewürfelt
400 g geputzte rote Paprika, etwa 1 cm groß gewürfelt
2 EL Tomatenmark
3 EL Paprikapulver
2 l Geflügelbrühe (oder Gemüsebrühe)
400 g geschälte Kartoffeln, etwa 1 cm groß gewürfelt
Salz, Pfeffer aus der Mühle
4 Gewürzgurken
1 kleines Bund Schnittlauch
100 g Sahne
100 g Crème fraîche
1 Spritzer Zitronensaft
1 Msp. Zitronenschale (unbehandelt)
Salz, 1 Prise Cayennepfeffer

4 Paar Debreziner (oder Pfälzer Würstchen)

1) Die Kichererbsen in lauwarmem Wasser über Nacht einweichen. Dann mit der gespickten Zwiebel, dem Gewürzsträußchen und dem Wammerl in kaltem Wasser aufsetzen. Langsam weich kochen (etwa 1 Stunde). Kein Salz zufügen.

2) Währenddessen Kümmel und Knoblauch mit der Butter mischen und auf einem Brett so fein wie möglich hacken. Das Schweineschmalz in einem großen Topf erhitzen. Die Zwiebelwürfel bei mittlerer Temperatur hell anschwitzen, Gewürzbutter und Paprikawürfel dazugeben. Tomatenmark einrühren, etwas anrösten lassen und vom Herd ziehen, etwas abkühlen lassen, dann mit Paprikapulver bestäuben und durchrühren. Das Ganze mit der Brühe aufgießen und etwa auf die Hälfte einkochen lassen.

3) Die Kartoffelwürfel dazugeben und in der Brühe bissfest kochen. Mit Salz und Pfeffer abschmecken. Gewürzgurken und Schnittlauch fein schneiden.

4) Die Sahne, Crème fraîche, den Spritzer Zitronensaft und die Messerspitze abgeriebene Zitronenschale verrühren, mit Salz und Cayennepfeffer abschmecken.

5) Die gegarten Kichererbsen abschütten und in den Topf zum Kartoffelgulasch geben. Das gekochte Wammerl ohne Schwarte und Knorpel in 1 cm große Würfel schneiden, Debreziner in kleine Rädchen schneiden und beides zum Kartoffelgulasch geben. Das Ganze noch einmal aufkochen und etwa 10 Minuten sanft köcheln lassen.

6) Das Kartoffelgulasch in tiefen Tellern anrichten, je einen Klecks angerührte Crème fraîche daraufsetzen, etwas Schnittlauch und Gewürzgurken darüberstreuen und sofort servieren.

Tipp: Sie können sich die Arbeit erleichtern, indem Sie fertig gekochte Kichererbsen aus der Dose verwenden.

kartoffelgratin

Zutaten für 4 Personen:

1 kg Kartoffeln
1/2 l Milch
100 g Sahne
100 g Crème fraîche
80 g Gruyère, gerieben
Salz, Muskatnuss
1–2 Knoblauchzehen
40 g Gruyère, gerieben (zum Gratinieren)
25 g kalte Butter

1) Den Backofen auf 180 °C vorheizen. Die Kartoffeln gründlich waschen, schälen und in etwa 0,3 cm dünne Scheiben schneiden (nicht ins Wasser legen).

2) In einem großen Topf die Milch, die Sahne, die Crème fraîche und den Käse mit Salz und frisch geriebener Muskatnuss abschmecken und einmal aufkochen lassen.

3) Die Kartoffelscheiben in die Käse-Sahne-Mischung geben und das Ganze etwa 20 Minuten leise köcheln lassen. Dabei stets vorsichtig umrühren, damit nichts anbrennt.

4) In der Zwischenzeit eine feuerfeste Form mit den halbierten Knoblauchzehen kräftig ausreiben. Die Kartoffelmasse hineingeben und gleichmäßig mit dem restlichen Gruyère und mit den Butterflocken bestreuen.

5) Das Gratin bei 180 °C für 60–90 Minuten im Ofen backen, bis eine goldene Kruste entsteht. Falls das Gratin zu dunkel wird, die Hitze reduzieren und die Form mit Alufolie abdecken.

Tipp: Ein Kartoffelschäler, am besten mit einem soliden Gummigriff, liegt gut in der Hand und beschert Kindern Erfolgserlebnisse. Schälen kann man damit neben Kartoffeln auch Äpfel, Möhren oder Gurken. Das Wichtigste aber: Er ist ein ungefährliches Handwerkszeug, mit dem sogar schon kleinere Kinder umgehen können.

Kartoffeldruck ist besonders beliebt bei Kindern: Dafür halbiert man eine große Kartoffel und schnitzt mit dem Messer vorsichtig Muster oder Formen in die Schnittflächen. Nun kann man die Kartoffelhälfte wie einen Stempel benutzen: Man taucht sie in Farbe und druckt das geschnitzte Muster auf ein Blatt Papier – oder auf eine Papierserviette. Mit Textilfarbe kann man auch weiße Stoffservietten bedrucken. Selbst bedruckte Servietten sind besonders festlich beim gemeinsamen Essen, und sie sind auch ein sehr persönliches Geschenk.

Gebackenes Stubenküken
mit Sauce Remoulade

Zutaten für 4 Personen:

Für die Sauce Remoulade:

2 Eigelbe
1 TL mittelscharfer Senf
1 Spritzer Obstessig
220 ml Pflanzenöl
Salz, Pfeffer aus der Mühle
2 Sardellenfilets
4 Gewürzgurken aus dem Glas
2 hart gekochte Eier
10 Kapern
2 EL saure Sahne
1 Spritzer Zitronensaft
1/2 Bund Schnittlauch

Für das Stubenküken:

2 Stubenküken
Salz
1 Prise Cayennepfeffer
Saft von 1/2 Zitrone
1/2 Bund glatte Petersilie zum Frittieren
500 g Butterschmalz
2 Eier (plus 1 Spritzer Mineralwasser)
1 Prise Salz
Mehl zum Panieren
Semmelbrösel oder japanische Brösel (siehe Tipp Seite 38)
1 Zitrone, in Spalten geschnitten

1) Für die Sauce Remoulade die Eigelbe, Senf und 1 Spritzer Essig in ein hohes Gefäß geben. Mit dem Stabmixer aufmixen, dabei das Öl einfließen lassen und mit Salz und Pfeffer abschmecken.

2) Sardellen, Gurken und Eier fein hacken. Mit Kapern und saurer Sahne unter die Mayonnaise rühren, dann mit Salz, Pfeffer und 1 Spritzer Zitronensaft abschmecken. Den Schnittlauch waschen, trockenschütteln, fein schneiden und unter die Sauce heben.

3) Die Stubenküken sauber waschen, trockentupfen, Schenkel und Brüste mit einem scharfen Messer ablösen, die Haut abziehen. Die Innenseite der Schenkel zum Knochen hin einschneiden (so backen die Schenkel schneller durch).

4) Die Fleischteile mit Salz und Cayennepfeffer würzen, mit Zitronensaft beträufeln, mit Klarsichtfolie abdecken und im Kühlschrank 20 Minuten marinieren lassen.

5) Petersilie waschen, trockenschütteln und abzupfen. Das Butterschmalz in einem hohen Topf erhitzen.

6) Eier und Mineralwasser mit einer Gabel verschlagen und mit einer Prise Salz würzen. Brüste und Keulen zuerst im Mehl, dann im Ei und danach in den Bröseln wenden.

7) Die panierten Stubenkükenteile nacheinander (zuerst die Keulen) in das heiße Butterschmalz einlegen und goldbraun backen. Auf Küchenpapier abfetten lassen.

8) Ganz zum Schluss die Petersilie im heißen Butterschmalz kurz frittieren, herausnehmen, auf Küchenpapier abfetten lassen, gleich salzen und mit dem Stubenküken, Sauce Remoulade und Zitronenspalten anrichten und servieren. Je nach Geschmack noch mit klein gewürfelten Radieschen bestreuen.

Tipps:

Um sich die Arbeit zu erleichtern, lassen Sie sich das Stubenküken gleich vom Geflügelhändler in Brüste und Keulen teilen.

Vorsicht beim Frittieren der Petersilie: Es spritzt!

Zum Stubenküken passt Kopfsalat mit Radieschen und Kresse oder Kartoffelsalat oder Gurkensalat mit saurer Sahne.

Geschmorte Rinderrouladen

Zutaten für 6 Personen:

350 g weiße Zwiebeln
2 EL Butter
Salz, schwarzer Pfeffer aus der Mühle
1 Prise Majoran
1 1/2 EL mittelscharfer Senf
300 g Wirsing (ohne Strunk)
frisch geriebene Muskatnuss
150 g Karotten
150 g Knollensellerie
12 Perlzwiebeln
6 Fleischstücke für Rouladen (à 160–180 g) aus der Rinderhüfte, vom Metzger flach geklopft
12 hauchdünne Scheiben gekochtes, geräuchertes Wammerl, ohne Schwarte und Knorpel
Butter
Öl zum Anbraten
1 großer EL Mehl
2 Knoblauchzehen in der Schale
1–2 Lorbeerblätter
1 1/2 große EL Tomatenmark
500 ml kräftige Rinderbrühe

Tipp: Wer mag, kann das Gemüse herausnehmen und mitessen. Dazu passt ein **Lauchpüree:** Dafür 1 kg Kartoffeln kochen und durch eine Presse geben, 250 g Lauch waschen, putzen und kurz blanchieren. Den Lauch grob schneiden und mit 150 g Sauerrahm pürieren und unter die gepressten Kartoffeln rühren. Das Lauchpüree mit Butterflocken und einem Schuss Milch verfeinern. Für die Rouladenfüllung können Sie Toastbrot ohne Rinde in Stifte schneiden, diese in Butter knusprig anbraten und in die Rouladen einrollen.

1) Den Backofen auf 180 °C vorheizen. Die Zwiebeln schälen, halbieren und in feine Scheiben schneiden. In hellbrauner Butter langsam glasig anschwitzen, mit Salz, Pfeffer und Majoran würzen. Senf einmengen, auskühlen lassen.

2) Wirsing putzen, waschen und den Strunk entfernen. Die Blätter in 2 cm große Stücke reißen und in stark gesalzenem Wasser 2 Minuten blanchieren, kalt abschrecken, auspressen und rasch in heißem Fett anbraten. Mit Salz, Pfeffer und Muskat würzen.

3) Die Karotten und den Knollensellerie schälen und in 1 cm große Würfel schneiden. Perlzwiebeln schälen.

4) Die dünn geklopften Hüftscheiben leicht salzen und pfeffern, mit je 2 Speckscheiben belegen und die gebratenen Zwiebeln sowie die Wirsingstücke daraufgeben. Die Seiten der Rouladen so einschlagen, dass die Fülle nicht austreten kann, und zusammenrollen. Mit Küchengarn zusammenbinden.

5) In einer Eisenpfanne Butter und Öl erhitzen, die Rouladen mit Mehl bestäuben und langsam von allen Seiten anbraten.

6) Gleichzeitig in einem Gusseisenbräter Perlzwiebeln, Karotten, Knollensellerie, Knoblauch und Lorbeerblatt anbraten, dann die Rouladen dazugeben. Die Reine für etwa 10 Minuten in den Ofen geben (siehe Bild: die Rouladen sind innen noch roh).

7) Danach das Tomatenmark über dem Fleisch verteilen sowie etwas Mehl darüberstäuben (nicht umrühren). Die Hitze auf 160 °C reduzieren und die Rouladen weitere 20 Minuten schmoren lassen. Die Brühe erhitzen.

8) Die Rouladen mit kochend heißer Brühe aufgießen, ein Stück Brezel oder altes Brot beigeben, das Fleisch zugedeckt etwa 1 Stunde weich schmoren lassen. Die Sauce passieren und kräftig auspressen.

»Total exotisch« – Wie schmeckt eigentlich Mango?

Im Sommer habt ihr bestimmt Obst gegessen, Obst aus heimischem Anbau, das es im Winter leider nicht gibt. Dafür haben jetzt Früchte Saison, die in anderen Teilen der Welt wachsen und eine weite Reise hinter sich haben: Kennt ihr die so genannten Exoten?

Dazu gehören Bananen, Ananas, Papaya, Mango, Kiwis, Sternfrüchte, Kumquats und Limequats, Litschi, Kokosnüsse und die »Drachenfrucht« oder Pittahaya, die ganz toll aussieht, wie ihr auf dem Foto sehen könnt: Außen ist sie pink und innen sieht sie fast aus wie Stracciatella-Eis. Stöbert mal mit euren Eltern beim Obsthändler, was sich da alles findet. Fragt auch nach, woher das Obst stammt, und schaut zu Hause auf dem Globus nach, wo diese Länder liegen. Und erkundigt euch beim Verkäufer, wie man die jeweilige Frucht isst: Muss man sie schälen, hat sie Kerne oder nicht?

Es gibt einen schönen Trick, wie man an das Fruchtfleisch der Mango gelangt: Wascht die Mango ab und schneidet sie an der langen Seite in zwei Hälften. Sie hat in der Mitte einen flachen Stein, der nicht essbar ist. Lasst euch von einem Erwachsenen helfen. Wenn beide Hälften vor euch liegen, ritzt ihr das weiche Fruchtfleisch ganz vorsichtig mit einem kleinen Messer kreuzweise ein. Vorsicht, nur bis zur Schale, die muss heil bleiben! Nehmt dann die Mangohälfte in die Hand und stülpt das Fruchtfleisch nach außen um. Das sieht sehr schön aus, und ihr könnt die Mango-Stückchen mit einem Pikser und mithilfe eines kleinen Messers einzeln aufspießen und essen.

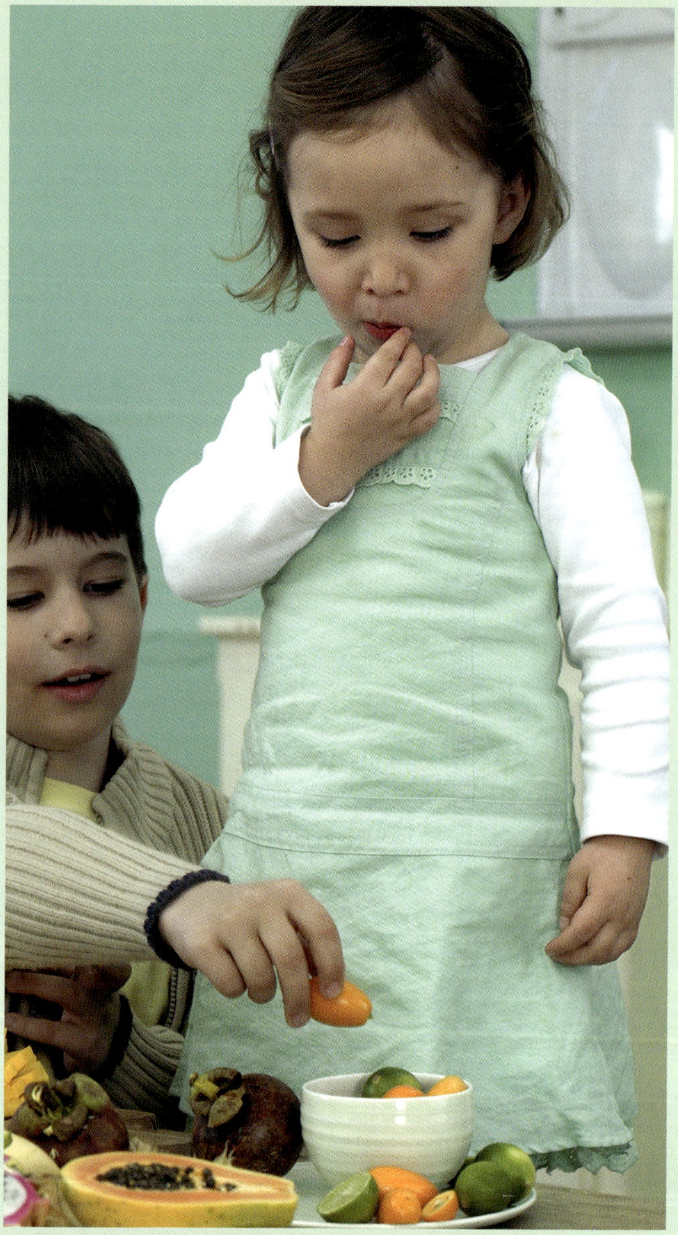

Für den Geschmackstest verteilt ihr Stückchen der verschiedenen Exoten auf kleinen Tellern und probiert. Lasst euch die Namen dazu sagen und prägt sie euch gut ein.

Nun lasst euch die Augen verbinden. Die Teller werden vertauscht. Habt ihr euch alles gut gemerkt? Könnt ihr am Geschmack erkennen, was ihr gerade esst? Zum Schluss macht ihr einen großen Obstsalat aus allen Resten, den ihr mit Zitronensaft beträufelt.

C.C.X

Gratin von exotischen Früchten

Zutaten für 4 Personen:

1 Babyananas
2 Kiwis
1 Mango
1 Papaya
1 Banane
2 Feigen
1 Zitronengrasstängel
250 ml Weißwein
1 Scheibe frischer Ingwer
15 Korianderkörner
3 Eigelbe (Größe M)
90 g Zucker
100 g Sahne

Tipp:
Der Saft von frischem Ingwer ist hocharomatisch, also maßvoll dosieren! So unterstreicht er wunderbar den Eigengeschmack von frischen Früchten. Für das Gratin eignen sich natürlich auch andere Früchte der Saison.

1) Die Früchte schälen und in Scheiben oder in schöne, mundgerechte Stücke schneiden.

2) Das Zitronengras waschen, dickeres Ende mit dem Messerrücken flach klopfen und in feine Scheiben schneiden. Dann den Weißwein zusammen mit dem Zitronengras, dem Ingwer und den Korianderkörnern kräftig auf etwas mehr als 1/3 einkochen lassen. Durch ein feines Sieb in eine für ein Wasserbad geeignete Schüssel gießen und darin abkühlen lassen.

3) Eine Schüssel mit Eiswasser bereitstellen. Den abgekühlten Fond mit Eigelben und Zucker verrühren. Über dem heißen Wasserbad mit einem Schneebesen so lange aufschlagen, bis die Masse eine feste Konsistenz hat (fast wie Schlagsahne).

4) Die Schüssel vom Wasserbad nehmen, auf Eiswasser so lange weiterschlagen, bis die Masse vollständig erkaltet ist.

5) Die Sahne steif schlagen und vorsichtig unterheben. Die Früchte dekorativ auf feuerfesten Tellern oder in einer großen Form anrichten. Die Früchte mit der Gratinmasse bedecken. Unter dem Grill (oder im Backofen bei höchster Oberhitze) 3–5 Minuten bräunen beziehungsweise gratinieren. Das Gratin aus dem Ofen nehmen und sofort servieren.

Gefüllter Bratapfel mit Weinschaumcreme

Zutaten für 4 Personen:

5 große säuerliche Äpfel (z. B. Boskop)
150 g Butter
2 EL eingeweichte und abgetropfte Rosinen
1/2 TL Zimt
Mark von 1/2 Vanilleschote
125 ml naturtrüber Apfelsaft
Saft von je 1/2 Zitrone und Orange
1 EL Calvados (nach Belieben)
60 g geriebenes altbackenes süßes Hefebrot oder Brioche
80 g Marzipanrohmasse
Puderzucker zum Bestäuben
1 EL in Butter geröstete gehobelte Mandeln

Für die Weinschaumcreme:

3 Eigelbe
50 g Zucker
60 ml Weißwein
60 ml naturtrüber Apfelsaft

1) Einen Apfel vom Kerngehäuse befreien und quer in Scheiben schneiden. In einer feuerfesten Form 30 g Butter zerlassen. Apfelscheiben darauf verteilen und 1 EL Rosinen dazugeben, mit etwas Zimt und dem Vanillemark bestreuen. Den Apfel-, Zitronen- und Orangensaft angießen (nach Belieben mit Calvados beträufeln). Den Backofen auf 180 °C vorheizen.

2) Von den restlichen 4 Äpfeln oben eine fingerdicke Scheibe abschneiden. Bis auf 1 cm Wandstärke aushöhlen. 100 g Butter erhitzen, Hefebrotbrösel darin goldgelb rösten, abkühlen lassen und restlichen Zimt zufügen.

3) Marzipan zerdrücken, mit den restlichen Rosinen unter die Hefebrotbrösel mischen und in die Äpfel füllen. Die Äpfel auf die Apfelscheiben setzen. Mit reichlich Puderzucker bestäuben. Mit restlicher, in Stücke geschnittener Butter belegen. Im vorgeheizten Ofen etwa 30 Minuten garen.

4) Für die Weinschaumcreme Eigelbe und Zucker über einem Wasserbad schaumig aufschlagen. Weißwein und Apfelsaft unter Rühren unterschlagen.

5) Die Äpfel direkt aus dem Ofen auf Teller setzen, mit Weinschaumcreme begießen und mit den Mandelblättchen bestreuen. Sofort servieren.

Tipp: Falls Kinder mitessen, lassen Sie die Weinschaumcreme einfach weg. Das gilt im Übrigen und nach Belieben für alle Rezepte, in denen Alkohol verwendet wird.

Februar

Feste feiern – vom Fasching bis zum Kindergeburtstag

Noch immer ist es draußen kalt, aber mit Beginn der Faschingszeit kündigt sich ein Stimmungswechsel an. Jetzt ist es Zeit für ein Kostümfest mit vielen kleinen Leckereien, die mal nicht aus Cocktailwürstchen und Pommes bestehen, sondern zu einer kulinarischen Weltreise einladen. In allen Küchen der Erde kennt man raffinierte kleine Häppchen, die ohne große Förmlichkeiten genossen werden, ob sie nun Tapas, Canapés, Mezze, Antipasti oder Appetizer heißen.

Ein Fingerfood-Büfett ist auch ideal für Kindergeburtstage, bei denen es meist so turbulent zugeht, dass die Kinder wenig Lust auf warmes Essen haben. Was Kinder allerdings lieben, ist das gemeinsame Verfertigen appetitlicher Kleinigkeiten. Die Rezepte dieses Kapitels sind so konzipiert, dass alles unkompliziert zuzubereiten ist: Das meiste wird vorbereitet und kann dann direkt von den Kindern vollendet werden. Auch der Hang zum fantasievollen Verzieren und Garnieren kann dabei voll ausgekostet werden. Das Kochen selbst wird zum großen Spiel wie sonst Sackhüpfen oder Blindekuh. Wenn Sie mit Gastkindern in der Küche werkeln, denken Sie daran, dass die Kinder etwas mit nach Hause nehmen sollten, um es stolz den Eltern zu präsentieren.

Die Akzeptanz ungewohnter Geschmackserlebnisse steigt erfahrungsgemäß, wenn Kinder aktiv Einfluss auf das Essen nehmen können. Lassen Sie die Kinder auch eigene Fantasienamen für ihre Kreationen erfinden. Am besten ist es, wenn Sie sich für eine Motto-Party entscheiden, beispielsweise für eine Piratenparty. Dann können Sie die Dekoration und das Essen darauf abstimmen und die Kinder können sich entsprechend verkleiden. Wenn dann alles auf Platten und Tellern angerichtet ist, sollten die Kinder auf keinen Fall im Stehen und nebenbei essen. Decken Sie eine Tafel für die kleinen Köche, mit Tellern und Servietten, und arrangieren Sie die Platten auf

dem Tisch. Einige Gerichte werden auch erst am Tisch vollendet, zum Beispiel die Eier-Schiffchen.
Dem gemeinsamen Kochen sollte ohnehin immer das gemeinsame Essen folgen. Das hat einen Grund: Viele falsche Ernährungsgewohnheiten entstehen durch das beiläufige Essen im Stehen und im Gehen. Kinder »lernen« heute früh, dass man quasi nebenbei den Hunger stillt: Da wird schnell beim Bäcker ein Brötchen geholt und noch auf der Straße verschlungen, da wird im Drive-in der Hamburger auf dem Auto-Rücksitz gegessen, da ersetzt der Gang zum Kühlschrank die Mahlzeit. Was dann konsumiert wird, um den Heißhunger zu bekämpfen, ist meist zu süß, zu salzig oder zu fett.
Insbesondere vor dem Fernseher zu essen sollte eine seltene Ausnahme bleiben, denn es bringt eine ebenso ungesunde wie unkontrollierte Nahrungsaufnahme mit sich. Wer gebannt auf den Monitor starrt, wird alles Erreichbare in sich hineinschaufeln, was gerade herumsteht, ganz egal, ob das Chips oder Süßigkeiten sind. Die Ablenkung durch das Fernsehen lässt weder zu, dass man bewusst isst und sich an der Konsistenz oder dem Geschmack erfreut, noch achtet man auf das Sättigungsgefühl, das sich bei einer Mahlzeit am Tisch einstellt. Beides beschert nicht nur Kindern ernsthafte Gesundheits- und Gewichtsprobleme – auch viele Erwachsene futtern sich »Krimispeck« an, weil sie ihr TV-Dinner als Dauersnack gestalten.
Sicherlich ist es schwer, eingefahrene Gewohnheiten zu ändern. Ein Kompromiss könnte es sein, im Alltag einige Favoriten des Fingerfood-Büfetts als TV-Tapas für den ersten Hunger zu deklarieren. Später wird dann die eigentliche Mahlzeit am Tisch gegessen.

Käse-Igel

Außer ein wenig Fantasie braucht man:

Holzspieße oder bunte Plastikspieße

Käsewürfel, z.B. Gouda, Butterkäse, Camembert, Emmentaler, Brie und Mini-Mozzarella-Kugeln

frische Früchte der Saison und nach Geschmack, z.B. Ananas, Birnen, Äpfel, Melone, Mandarinen, Physalis, rote und weiße Weintrauben

Kirschtomaten, Salatgurke, kleine Cornichons, schwarze und grüne Oliven, Radieschen

Der Käse-Igel ist für Fasching, Kindergeburtstage oder die modernen Retro-Partys ein echtes Highlight! Käse ist in vielen verschiedenen Geschmacksrichtungen ein Leckerbissen für Groß und Klein und die gemeinsame Zubereitung ein Spaß für die ganze Familie.

Alle Zutaten werden in kleinen Schälchen bereitgestellt. Nun können die Käsespieße nach Lust und Laune dekoriert werden: Für Naschkatzen mit süßen Obststücken und für alle, die es herzhafter mögen, mit würzigen Zutaten.

Die bunten Spieße werden nun entweder in einen Laib Brot, in einen Kohlkopf oder eine Honigmelone – je nach Saison – oder auch in eine mit Alufolie umwickelte Styroporkugel gesteckt – schon ist der »Igel« fertig! Dieses Gericht gelingt auch schon den Kleinen!

Tipp: Leckere Alternativen sind Spieße mit Räucherlachs und Gurke, mit gebratenem Curryhühnchen und Ananas, mit kleinen Nürnbergern, mit gebratenen Leberkäsewürfeln – oder Mortadellawürfeln, Oliven, Kirschtomaten!

Eier-Schiffchen

Zutaten:

hart gekochte Eier (Hühner- und Wachteleier), (Holz-)Spieße oder bunte Spieße

Tipp: Alle Zutaten fertig vorbereitet in Schälchen und auf kleinen Tellern bereitstellen. Jeder bekommt einen großen Teller und los geht's!

Und alles, was schmeckt und gefällt: Karotten, Zucchini, Gurken, frische Kräuter, Kresse, bunte Paprikastreifen, Ringe von schwarzen und grünen Oliven, Kapern, Salami, Lachs und vieles mehr eignen sich bestens – der Fantasie sind keinerlei Grenzen gesetzt und der Familienspaß kann beginnen. Als »Kleber« eignet sich Mayonnaise ganz hervorragend, als Farbtupfer Tomatenmark, Ketchup oder Senf.

Die Eier können halbiert, die Eigelbe zu einer leckeren Frischkäse- oder Eiercreme verarbeitet und wieder eingefüllt werden. Oder Groß und Klein verzieren die Eier mit diversen Zutaten, ganz nach Lust und Laune! Man kann beispielsweise die tollsten »Segelschiffe« bauen: mit einem Zahnstocher den Mast herstellen und aus dünn geschnittenem Gemüse eine bunte Flagge daranstecken. Oder man kann lustige Figuren und Gesichter basteln – und wer errät, wer dargestellt ist, bekommt einen kleinen süßen Preis!

Quiche Lorraine in zwei Varianten

Zutaten für 2 Quiche-Formen (à 24 cm):

Für den Teig:

250 g Mehl
125 g Butter
1 Eigelb
1 Prise Zucker
Salz
4 EL eiskaltes Wasser

Füllung:

125 ml Milch
125 ml Sahne
2 Eier
2 Eigelbe
Salz, Pfeffer aus der Mühle
1 Prise Cayennepfeffer
1 Prise Muskat

Variante 1:

150 g reifer Reblochon-Käse (oder Gruyère)
200 g gekochter Schinken, dünn aufgeschnitten

Variante 2:

200 g weiße Zwiebeln
100 g Lauch
40 g Appenzeller, fein gerieben
40 g Parmesan, fein gerieben
etwas gemahlener Koriander
Olivenöl

1) Für den Teig: Das Mehl auf eine saubere Arbeitsfläche geben und in die Mitte eine Mulde drücken. Die weiche Butter und die übrigen Zutaten hineingeben und das Ganze rasch zu einem Teig verkneten. In Folie einwickeln und für 2 Stunden in den Kühlschrank stellen. Die Quicheform ausbuttern und mit Mehl bestäuben, dann ebenfalls kalt stellen.

2) Anschließend den Teig halbieren und einen Teil wieder kühl stellen. Das andere Teigstück auf einer bemehlten Arbeitsfläche gleichmäßig etwa 3 mm dünn ausrollen. Mit einer Gabel die ganze Teigfläche leicht anstechen (nicht durchstechen). Den Teig mit den Einstichen nach unten (!) locker in die Form geben und vorsichtig festdrücken. Überschüssigen Teig oberhalb des Randes entfernen und zum restlichen Teig in den Kühlschrank geben.

3) Den Backofen auf 190 °C vorheizen. Für die Füllung: Milch und Sahne in eine Schüssel geben, Eier und Eigelbe zufügen, mit Salz, Pfeffer, Cayennepfeffer und Muskat abschmecken und alles gut verquirlen. Auf zwei Schüsseln aufteilen.

4) Für die erste Variante den Reblochon entrinden und in Würfel schneiden, zur einen Hälfte der Milch-Sahne-Mischung geben. Den Teigboden vollständig mit den Schinkenscheiben belegen. Die Füllung vorsichtig darübergießen und die Quiche etwa 35 Minuten backen. Die etwas abgekühlte Quiche vorsichtig auf ein Gitter gleiten lassen und am besten lauwarm servieren.

5) Für die zweite Variante die Form wie oben beschrieben mit dem restlichen Teig belegen. Die Zwiebeln schälen, den Lauch gründlich waschen, beides fein schneiden. Die Zwiebeln in Olivenöl anschwitzen, den Lauch zugeben und glasig dünsten, mit Salz, Pfeffer und Koriander würzen. Die beiden Käsesorten zur restlichen Füllung geben, gut verquirlen. Die Zwiebeln und den Lauch auf dem Teigboden verteilen und mit der Füllung begießen und backen wie oben beschrieben.

Feurige Chicken-Wings

Für etwa 24 fleischige Hühnerflügel

Für die Marinade:

1 gehäufte Msp. gemahlener Koriander
1 TL Curry
1 1/2 TL Salz
1 gehäufte Msp. weißer Pfeffer aus der Mühle
5 EL Ahornsirup
1 gehäufter TL Cayennepfeffer
1 gehäufte Msp. gemahlener Kümmel
1 TL Paprikapulver (fruchtig-aromatisch)
4 EL Sonnenblumenöl
6 Knoblauchzehen, in sehr feine Scheiben geschnitten
8 kleine Zweige Rosmarin

Für den feurigen Dip:

400 g stückige Tomaten aus der Dose
1 Spritzer Olivenöl
Salz, schwarzer Pfeffer aus der Mühle
Zucker
2 Scheiben frischer Ingwer
1 kleine rote Chilischote (siehe Tipp Seite 136)
1 EL Sojasauce
1 TL Cayennepfeffer
1 TL Curry
2 EL frische Mango, in Würfel geschnitten
2 EL frische Ananas, in Würfel geschnitten

Für die Glasur:

2 EL Honig
1 EL Rotweinessig

Tipp: Im Sommer können die Chicken-Wings auch auf den Grill gelegt werden!

1) Für die Marinade alle Zutaten in eine große Schüssel geben und vermischen.

2) Die Hühnerflügel kalt abbrausen, mit einem Küchenpapier trockentupfen und in die Marinade legen. Mit Klarsichtfolie abdecken und am besten über Nacht kühl stellen.

3) Den Backofen auf 170 °C (Heißluft) vorheizen.

4) Die Tomaten in einen Topf geben, einen Spritzer Olivenöl beigeben und mit Salz, Pfeffer und Zucker abschmecken. Die Tomatensauce etwa 30 Minuten köcheln lassen. Ingwer schälen, klein hacken, Chili halbieren, entkernen und fein schneiden.

5) Die eingekochte Sauce mit fein geschnittenem Ingwer und Chili, Sojasauce, Cayennepfeffer und Curry würzen und nochmals mit Salz und Pfeffer abschmecken. Zum Schluss die Mango- und Ananaswürfel dazugeben.

6) Die Chicken-Wings etwa 35 Minuten im Ofen braten. Für die Glasur Honig und Essig vermischen. Kurz vor Ende der Garzeit die Chicken-Wings aus dem Ofen nehmen, mit der Glasur einpinseln und so lange im Ofen lassen, bis die Wings eine schöne goldbraune Farbe haben.

Fischfrikadellen
von Kabeljau und Krabben

Zutaten für 4 Personen:

250 g Kabeljau (Mittelstück)
Salz
250 g gegarte Nordseekrabben
(gekochte Büsumer Krabben)
1 Frühlingszwiebel
1 Stange Staudensellerie
1 weiße Zwiebel, mittelgroß
1 EL Butter
1/2 TL Curry
1/2 TL frischer Ingwer, fein gerieben
weißer Pfeffer aus der Mühle

150 g stichfeste Mayonnaise
1 Eigelb
50 g Semmelbrösel
1/2 EL scharfer Senf
1 Spritzer Weißweinessig
1 Spritzer Tabasco
1 EL glatte Petersilie, fein gehackt
1 TL Koriander, gemahlen
Salz und Pfeffer
1 Ei
2 EL Sahne
1–1 1/2 EL Mehl
30–40 g Semmelbrösel (oder
japanische Brösel) zum Panieren
3–4 EL Öl zum Braten

1) Kabeljau waschen und trockentupfen und dann in siedendem Salzwasser etwa 8 Minuten pochieren (oder in etwas Butter saftig anbraten). Den Fisch herausheben, auf einem mit Küchenpapier ausgelegten Teller leicht abkühlen lassen. Dann enthäuten und entgräten, das Fleisch zerpflücken und in eine Schüssel geben. Die Krabben locker mit dem Kabeljaufleisch vermischen.

2) Frühlingszwiebel und Staudensellerie waschen und putzen, Selleriestange und Zwiebel schälen und alles in kleine Würfel schneiden. In einer Pfanne die Butter aufschäumen lassen, das Gemüse darin anschwitzen. Currypulver und geriebenen Ingwer dazugeben, kurz mitbraten, von der Herdplatte nehmen und abkühlen lassen.

4) Abgekühltes Gemüse, Mayonnaise, Eigelb, Semmelbrösel, Senf und Weißweinessig zur Fisch-Krabben-Mischung geben und das Ganze mit Tabasco, Petersilie, Koriander, Salz und Pfeffer abschmecken. Die Masse abdecken und für eine Stunde kühl stellen.

5) Das Ei mit der Sahne verquirlen, leicht salzen. Aus der Fischmasse mit feuchten Händen etwa 6–8 mittelgroße Frikadellen formen und diese zuerst in Mehl, dann in der Ei-Sahne-Mischung und zum Schluss in den Bröseln wenden.

6) Das Öl in einer beschichteten Pfanne erhitzen und die Fischfrikadellen auf beiden Seiten goldbraun braten, auf einem Küchenpapier abfetten lassen und mit einem bunten Salat servieren.

Tipp: »Japanische Brösel« gibt es im Asia-Laden: Damit werden die Fischfrikadellen ganz besonders knusprig!

Linseneintopf
mit dem Geheimnis meiner Mutti

Zutaten für 6 Personen:

1 Eisbein, gepökelt
1 Zwiebel, gespickt mit 1 Lorbeerblatt und 3 Nelken
1 Bund Suppengemüse
250 g Berglinsen (1–2 Stunden eingeweicht)
250 g durchwachsenes, mild geräuchertes Wammerl (Schweinebauch)
1 Zwiebel, gespickt mit 1 Lorbeerblatt und 3 Nelken
150 g Steckrüben (oder Teltower Rübchen)
180 g Karotten
180 g weiße Zwiebeln
1 Knoblauchzehe
1 EL Schweineschmalz
1 TL Mehl
1 EL Schweinschmalz
1 EL Tomatenmark
1 kleine Schalotte, geschält und fein gewürfelt
1 Knoblauchzehe, geschält und fein geschnitten
2 Sardellenfilets, fein gehackt
6 Kapern, fein gehackt
2 kleine Gewürzgurken, klein geschnitten
1 EL Rotweinessig
1 TL scharfer Senf
Salz, schwarzer Pfeffer aus der Mühle
1 Prise getrockneter Majoran
1 Spritzer Obstessig
1 EL gehackte glatte Petersilie

1) Das Eisbein kalt abbrausen und in etwa 2 l Wasser mit der gespickten Zwiebel und dem Suppengemüse weich kochen, dann abgießen und die Flüssigkeit dabei auffangen.

2) Die eingeweichten Linsen einmal aufkochen, abschütten, kalt abspülen, danach mit dem Wammerl, der gespickten Zwiebel und etwa 2 l Wasser oder Brühe langsam fast gar kochen. Die Linsen abgießen, Flüssigkeit dabei auffangen.

3) Das Gemüse waschen, putzen, schälen und in 1 cm große Würfel schneiden. Zwiebel und Knoblauch schälen und fein schneiden. Schweineschmalz in einem Topf erhitzen, Zwiebel und Knoblauch darin glasig anschwitzen, Gemüse und Linsen dazugeben und knapp mit der Kochflüssigkeit (vom Eisbein oder von den Linsen) bedecken und alles gar kochen.

4) Für das Geheimnis meiner Mutti das Mehl im Schweineschmalz braun rösten, Tomatenmark dazugeben, 3 Minuten mitrösten, Schalotten- und Knoblauchwürfel und alle anderen klein geschnittenen Zutaten dazugeben, kurz anrösten, mit dem Rotweinessig ablöschen, Senf einrühren und dann zu den Linsen geben.

5) Wammerl ohne Schwarte und Knorpel in 1 cm kleine Stücke schneiden, das Eisbein vom Knochen lösen und in mundgerechte Stücke schneiden. Beides in den Linseneintopf geben, heiß werden lassen, mit Salz, Pfeffer, Majoran und einem Spritzer Essig abschmecken. Mit Petersilie verfeinern und in vorgewärmten Tellern angerichtet servieren.

Tipp:
Je nach Geschmack gekochten Rosenkohl halbieren oder vierteln und ganz zum Schluss auf den Linseneintopf geben. Zusätzlich passen auch in Butter geröstete Schwarzbrotwürfel. Anstelle von Eisbein kann man auch Würstel nehmen, z.B. Westfälische, Pfälzer oder Wiener. Die Kochflüssigkeiten von Eisbein und Linsen unbedingt zum Aufgießen (etwa einer Kartoffelsuppe oder eines Gemüseeintopfs) verwenden. Ein Fond schmeckt immer besser als Wasser! Gerade im Winter tut ein Teller Suppe oder ein gehaltvoller Eintopf besonders gut.

Einkaufen

Den Einkauf erledigen viele Familien heute gezwungenermaßen in Hast und Eile, und wenn man ungeduldige Kinder im Schlepptau hat, die das Einkaufen als lästige Pflicht betrachten, macht das Einkaufen noch weniger Spaß.

Obwohl der Supermarkt heute zwar eine große Auswahl frischer Produkte bereithält, wird dort andererseits auch ein Schlaraffenland bequemer Fertigprodukte vorgegaukelt: All die bunten Verpackungen in der Tiefkühltruhe, die Pizzas, die Suppen und die vorgegarten Eintöpfe versprechen schnellen Genuss und sicheres Gelingen. So erstaunt es nicht, dass viele Kinder kein Ei aufschlagen können und dass sie völlig ahnungslos sind, was sich mit Fleisch und Gemüse alles anfangen lässt, wenn sie es im Rohzustand sehen. Auch viele Mütter und Väter wissen heute nicht mehr, was eine Generation zuvor noch selbstverständlich beherrschte: wie man die Qualität von Obst und Gemüse beurteilt, wie man einen Wirsing kocht, welches Fleischstück sich für Kurzgebratenes eignet und welches für Braten oder Eintöpfe.

Am Anfang einer Neuorientierung der Koch- und Essgewohnheiten steht das bewusste Einkaufen. Das kann durchaus im Supermarkt beginnen. Machen Sie Ihre Kinder zu Partnern: Lassen Sie sie das Kleingedruckte auf Verpackungen von Wurst und anderen Fertigprodukten lesen, um ein Gespür dafür zu bekommen, was sie alles unfreiwillig essen, wenn sie sich dafür entscheiden: Bindemittel, Farbstoffe, verschiedenste Fette. Machen Sie das Einkaufen zu einem vergnüglichen Sport: Wer findet als Erster ein Tomatenmark ohne Zucker, Konservierungsmittel oder andere Zusatzstoffe? Welcher Apfelsaft enthält wirklich nur Äpfel und Wasser? Welche Butter ist gesalzen, welche nicht? Kinder fühlen sich gern als Experten und freuen sich, wenn sie sich hier Spezialwissen erwerben können. Der aktive Zugang zum Kauf von Nahrungsmitteln ist eine entscheidende Basis für den Umgang mit dem Essen. Wenn Sie sich für bewusstes Essen und Kochen entscheiden, stellen Sie am besten einen Wochenplan auf, bei dem auch ein Besuch im Gemüseladen oder auf dem Wochenmarkt auf dem Programm steht – am besten samstags, wenn der Zeitdruck geringer ist. Überlegen Sie, welches Obst und welches Gemüse Sie verwenden wollen, und wählen Sie gemeinsam mit den Kindern aus, welche Tomaten sie zum Beispiel ausprobieren möchten: Cocktailtomaten oder Eiertomaten? Holländische oder italienische? Lassen Sie Ihre Kinder auch ungewöhnliche Obst- und Gemüsesorten entdecken, beispielsweise die Artischocke, die so eigenartig aussieht und bei der man spekulieren kann: Was fängt man damit an? Wird sie gekocht, gebraten oder roh gegessen? Oder stellt man sie in eine Vase?

Allein schon die Vielfalt von Obst und Gemüse weckt die Lust am Experiment und schärft die Wahrnehmung. Lassen Sie sich vom Angebot inspirieren, statt immer wieder zum Gewohnten zu greifen. So kommt Abwechslung in Ihre Küche und schon das Einkaufen weckt Vorfreude.

Lustige Zahnstocher

Ein Fingerfood-Büfett wird erst richtig attraktiv durch fantasievolle Dekorationen. Ein schönes Accessoire sind Zahnstocher und Stäbchen, mit denen die Tapas aufgespießt werden. Sie können aus einem großen Angebot fertiger Spießchen wählen – mit Fähnchen, in Tierform, aus Plastik oder aus Holz. Besonders hübsche Holzspießchen finden Sie günstig im Asia-Laden.
Sie können aber auch selbst mit den Kindern solche Spießchen gestalten. Eine ganz einfache Möglichkeit sind Radieschen-Stocher: Auf Zahnstocher aus Holz werden als »Knauf« kleine Radieschen aufgespießt. Oder Sie bekleben die Zahnstocher mit länglichen selbstklebenden Stickern, die dann wie Fähnchen aussehen – das können auch schon die Jüngsten. Eine andere Möglichkeit sind Rouladenspieße aus Metall, die am Ende eine kleine Öse haben: einfach ein Stück Schleifenband aus Stoff durchziehen und verknoten, und schon haben die Kinder eine tolle Deko gebastelt.
Solche individuell gestalteten Spießchen helfen den Kindern außerdem später beim Essen, ihre eigenen und selbst gemachten Tapas wiederzuerkennen.

Gebackene Mäuse

Zutaten für 4 Personen:

30 g Zucker
180 ml lauwarme Milch
15 g Hefe
300 g Mehl
2 Eigelbe (Größe M)
1 EL Rum (nach Belieben)
60 g weiche Butter

500 g Frittierfett oder Pflanzenöl
Puderzucker zum Bestäuben

1) Den Zucker in der lauwarmen Milch auflösen. Die Hefe zerbröckeln und mit einem Löffel in die Milch einrühren, bis sie sich darin auflöst.

2) In einer großen Schüssel die gezuckerte Hefe-Milch mit den restlichen Zutaten vermischen und in ungefähr 5 Minuten zu einem glatten Teig schlagen. Das geht am besten mit den Knethacken der Küchenmaschine.

3) Den Teig mit einem Tuch abdecken und etwa 45 Minuten an einem warmen Ort gehen lassen.

4) Das Frittierfett in einem hohen Topf erhitzen. Zum Testen der richtigen Temperatur einfach den Stiel eines hölzernen Kochlöffels hineintauchen: Sobald winzige Bläschen daran entlang aufsteigen, ist das Fett zum Backen bereit.

5) Teig mit zwei Teelöffeln abstechen und die Nocken nacheinander im gleichmäßig heißen Fett goldbraun frittieren.

6) Die fertig frittierten »Mäuse« auf ein dick mit Küchenpapier ausgelegtes Blech geben, gut abfetten lassen und mit reichlich Puderzucker bestäuben.

Tipp: Dazu schmeckt die Himbeer-, Mango- oder Schokoladensauce (siehe Seite 44).

Himbeersauce

300 g frische Himbeeren
Saft von 1 Zitrone
100 g Puderzucker

Die Himbeeren verlesen, abbrausen, mit Zitronensaft und Puderzucker mischen. Mit dem Pürierstab mixen und durch ein feines Sieb passieren.

Mangosauce

1 reife Mango (250 g Fruchtfleisch)
Saft von 1 Limette
Saft von 1 Orange
40 g Puderzucker

Die Mango schälen und das Fruchtfleisch klein würfeln. Mit dem Limetten- und Orangensaft sowie dem Puderzucker mit dem Pürierstab fein mixen.

Schokoladensauce

100 g Zartbitterschokolade
(z.B. mit Orangenaroma)

Für den Läuterzucker:
50 g Zucker
50 ml Wasser

Die Schokolade klein hacken und über dem heißen Wasserbad schmelzen lassen. Für den Läuterzucker die Zutaten in einem Topf aufkochen lassen und bei mittlerer Temperatur etwa 5 Minuten köcheln lassen. Läuterzucker etwas abkühlen lassen und unter die flüssige Schokolade rühren.

Wie schmecken Farben?

Heute machen wir ein Experiment, bei dem ihr euch überraschen lasst – von Geschmacksvarianten, die ihr so vielleicht noch nicht kennt. Und damit das Experiment gelingt, hört ihr jetzt auf zu lesen und gebt das Buch euren Eltern. Denn dieser Test hat ein Geheimnis, das ihr erst am Schluss entdecken werdet.

Los geht's. Nun macht ein Erwachsener weiter.

Für den Test kaufen Sie vier Becher Naturjoghurt und Lebensmittelfarben: Rot, Grün, Blau und Gelb. Aromatisieren Sie den Joghurt mit etwas Honig und rühren Sie dann die verschiedenen Farben einzeln in die Joghurtbecher.

Erst jetzt dürfen die Kinder dazukommen. Erklären Sie ihnen, dass Sie vier verschiedene Joghurtsorten hergestellt haben und dass die Kinder erraten sollen, um was für Sorten es sich handelt. Das Verblüffende ist: Durch die unterschiedlichen Farben wird das Geschmackserlebnis wesentlich beeinflusst. Der rote Joghurt scheint ein leichtes Erdbeeraroma zu haben, der gelbe je nach Farbintensität ein Zitronen- oder Vanillearoma.

Erst wenn die Kinder ihre Tipps abgegeben haben, lösen Sie das Rätsel auf.

Dieses Experiment können die Kinder mit Freunden wiederholen – und es wird immer wieder überraschend sein, dass das Auge tatsächlich »mitisst«!

März

Küchenorganisation

keine Fertiggerichte, sondern Slow Food de Luxe dank gutem Timing!

Zeit ist heute das kostbarste Gut – es gibt wohl kaum jemanden, der nicht über Zeitmangel klagt. Ein Grund mehr, dass in vielen Familien Fertiggerichte auf den Tisch kommen, denn sie scheinen so praktisch und unkompliziert zu sein, dass es sich lohnt, dafür die oft mangelhafte Qualität in Kauf zu nehmen. Eine Entwicklung, die fatal ist, weil viele Fertigprodukte zu fett und zu stark gewürzt sind, sie werden oft aus minderwertigen Zutaten hergestellt und haben wenig Vitalstoffe. Einzige Ausnahme, wenn es schnell gehen muss, sind tiefgekühlte Gemüse oder Fisch, da diese erntefrisch und ohne Zusätze direkt nach der Ernte eingefroren werden. Man sollte sich klar machen, dass Fertiggerichte ein Leben lang das Essverhalten der Kinder prägen. Die Kinder »lernen«, dass das Essen ohne Wartezeit verfügbar zu sein hat. Und was schnell zu haben ist, wird auch schnell gegessen, so schnell, dass meist zu viel verschlungen wird. Glücklicherweise sind diese »Nebenwirkungen« von Fertiggerichten zunehmend ins Gerede gekommen, und viele Familien verzichten bewusst darauf. Dennoch bleiben Kinder verführbar, nicht zuletzt durch die Werbung.

In diesem Kapitel erfahren Sie, wie Sie schnell und ohne großen Aufwand gesund und lecker kochen – und langsam genießen können. Es ist nämlich weniger der Zeitaufwand als die Gedankenlosigkeit, die so manchen auf so genanntes »Convenience Food« zurückgreifen lässt. Das Kartoffelgratin (siehe Rezept Seite 20) beispielsweise ist keine mühselige Angelegenheit, und viele Gerichte lassen sich auch gut einfrieren, etwa das Bananenbrot (siehe Rezept Seite 12). Oder ein Fond als Basis für Suppen und Saucen. Überdenken Sie Ihre Küchenorganisation. Das beginnt beim Einkauf, wie im vorherigen Kapitel beschrieben. Wenn Sie sich angewöhnen, dass Sie einmal in der Woche auf den Markt oder zu einem Gemüsehändler gehen und immer verschiedene frische Gemüse im Kühlschrank aufbewahren, dann haben Sie bereits die Grundlage für Gerichte, die relativ schnell auf dem Tisch stehen – beispielsweise Nudeln mit Brokkoli oder mediterranes Gemüse vom Blech.

Checken Sie regelmäßig Ihren Vorrat an Nudeln, Reis, Tomatenmark und anderen Nahrungsmitteln, die Sie für improvisierte Mahlzeiten immer im Haus haben sollten. Dazu gehört auch tiefgefrorenes Gemüse, falls es mal mit dem Einkauf frischer Produkte nicht geklappt hat. Auch Kräuter lassen sich für alle Fälle einfrieren, zum Beispiel bereits portioniert in Eiswürfel-Behältern. Machen Sie aus Wartezeiten Zeiten, in denen Sie andere Dinge erledigen. Das Kartoffelgratin etwa muss vierzig Minuten im Ofen backen, in dieser Zeit können Sie sich Ihren Kindern widmen oder die neuesten E-Mails checken.

Ein gutes Beispiel dafür, dass sogar ein Gourmet-Rezept keine zeitraubende Angelegenheit sein muss, ist die Artischocke mit Zitronenmayonnaise. Ein Artischockenessen erfordert keine langwierigen Vorbereitungen. Sie müssen nur die Spitzen kappen und das Gemüse kochen. Während der Kochzeit rühren Sie die Zitronenmayonnaise an. Dann geht es auch schon ans Essen: Slow Food de Luxe. Das Aussaugen der Blätter ist ein sinnliches Esserlebnis, bei dem nicht geschlungen, sondern genossen wird. Kinder finden es aufregend, diese Distel zu entdecken, und dass mit den Fingern gegessen wird, gefällt ihnen ganz besonders.

Wie ich Kochprofi wurde

Wenn Profis kochen, dann ist das Hochleistungssport: Köche sind Marathonläufer. Ohne gute Vorbereitung, eiserne Disziplin und permanentes Training brechen sie ein. Auch ich bin durch eine harte Schule gegangen, bevor ich mein erstes Restaurant eröffnete.

Ein bisschen lag mir das Kochen schon im Blut – meine Großmutter war Herrschaftsköchin, auch meine Mutter kochte ja sehr gut. Üppig ging es nicht zu in meiner Kindheit. Unsere Nachbarn zum Beispiel hatten dreizehn Kinder und mussten jeden Groschen dreimal umdrehen. Sie machten ihre Limonade selbst, aus Wasser, Essig und Zucker.

Auch bei uns zu Hause wurde darauf geachtet, dass alles preiswert war. Ich wurde oft in den Wald geschickt, meist als Strafe, wenn ich etwas angestellt hatte. Stundenlang kroch ich mit meiner Milchkanne durchs Gebüsch, um Schwarzbeeren zu suchen oder Tannenwipfelhonig, den es in heißer Milch gab, wenn ich erkältet war. Aber ich habe auch wunderbare Erinnerungen, beispielsweise daran, wie ich zum ersten Mal den Duft einer Muskatnuss schnupperte – unvergesslich!

Mein Vater war ein echter Feinschmecker. Er legte großen Wert darauf, dass der Speiseplan möglichst abwechslungsreich war. Nie durfte sich im Laufe einer Woche ein Gericht wiederholen. Er liebte es pikant, es wurde viel mit Kräutern gewürzt. Vor allem wurde alles mit Liebe zubereitet.

Ich wusste früh, dass ich Koch werden wollte. Dann kam es zu einem ersten Wendepunkt in meinem Leben: In der »Auberge de l'Ill« in Illhäusern erfolgte bei den Gebrüdern Haeberlin meine erste Annäherung an die damals in unseren Breiten noch völlig unbekannte gehobene französische Küche. Unter der Ägide der Haeberlins, die meine großen Förderer waren, definierte ich für mich persönlich erstmals in präziser Art: »Ich möchte ein guter Koch werden!«

In den folgenden Jahren studierte ich die neue französische Küche bei ihren weiteren Protagonisten: bei Paul Bocuse, bei Paul Simon, bei Roger Vergé und bei den Brüdern Troisgros. Auch diese Lehrmeister erkannten mein Talent und förderten meine Karriere.

Zwischen den Aufenthalten in Frankreich sammelte ich auch internationale Erfahrungen in anderen renommierten Häusern in aller Welt, darunter im »Operakällaren« in Stockholm, im »Erbprinz« in Ettlingen, im »Café Royal« in London, im »Villar Lorraine« in Brüssel und im »Jockey Club« in Washington D.C. Insgesamt verbrachte ich fast 13 Jahre im Ausland, bevor ich endgültig nach Deutschland kam. Dort begann mein Aufstieg in der Spitzengastronomie im Jahre 1971, als ich Küchenchef im Münchner Restaurant »Tantris« wurde, das vom Bauunternehmer Fritz Eichbauer konzipiert wurde.

1978 eröffnete ich in München mein eigenes Lokal, die »Aubergine«, und erhielt bereits ein Jahr nach Eröffnung als erstes Lokal außerhalb Frankreichs drei Michelin-Sterne – und sie wurden uns 15 Jahre lang immer wieder neu verliehen.

Als mir 1994 – einem Jahr nach Schließung der Aubergine – als viertem Koch weltweit der Titel »Koch des Jahrhunderts« verliehen wurde, hatte ich alles in meinem Traumberuf erreicht, was man erreichen kann.

Kohlrabisuppe mit Shiitake-Pilzen

Zutaten für 4 Personen:

600 g Kohlrabi, geschält und gewürfelt
20 g Butter
400 ml heiße Geflügelbrühe (oder Gemüsebrühe)
Salz
schwarzer Pfeffer aus der Mühle
1 Prise Muskatnuss, frisch gerieben
200 ml Sahne (oder: 100 ml Sahne und 100 ml Vollmilch)
20 g kalte Butter zum Verfeinern
100 g Shiitake-Pilze
2 EL Olivenöl
Salz, Pfeffer aus der Mühle

1) Die Kohlrabi schälen und in 2 cm große Würfel schneiden. Die Butter aufschäumen lassen, Kohlrabiwürfel dazugeben, leicht salzen und bei geringer Temperatur schön weich dünsten. Mit der heißen Geflügelbrühe aufgießen, aufkochen lassen und mit dem Pürierstab mixen. Die Sahne dazugeben und nochmals aufkochen lassen. Mit Salz, Pfeffer und Muskatnuss abschmecken.

2) Die Shiitake-Pilze kalt abbrausen, trockentupfen, Stiele entfernen und die Pilze in feine Scheiben schneiden.

3) Olivenöl in einer Pfanne erhitzen, die Pilze darin von beiden Seiten goldbraun braten und mit Salz und Pfeffer würzen.

4) Die kalten Butterstückchen zur heißen Suppe geben und nochmals aufmixen. Pilze dazugeben und servieren.

Tipp:
Anstelle der Shiitake-Pilze kann man auch sehr gut Champignons, Egerlinge oder Pfifferlinge verwenden! Zusätzlich kann man die Suppe noch mit gerösteten Buttercroûtons verfeinern. Gerade die jungen Kohlrabiblätter sind besonders schmackhaft: Die Blätter in kochendem Wasser ganz kurz blanchieren, eiskalt abschrecken, fein schneiden und ganz zum Schluss in die Suppe geben.

Das Geheimnis der Artischocke – oder: wie man eine Distel isst

Heute lernt ihr eines der seltsamsten Gemüse überhaupt kennen: die Artischocke. Sie ist mit Disteln verwandt, doch keine Angst, sie sticht nicht. Im Gegenteil – sie schmeckt ganz zart bitter und ist gleichzeitig sanft und lecker.

Der Name hat mit »Schocks« zum Glück nichts zu tun, sondern stammt aus der arabischen Sprache. Die Araber nannten das Gemüse *al-harschuf,* und das bedeutet ganz einfach »essbare Pflanze«, eine andere Erklärung ist, dass das Wort Artischocke von arabisch *shock-ard* kommt, was so viel wie »Stachel der Erde« heißt. Sie wird rund ums Mittelmeer angebaut, auch in Südamerika. Die Ägypter schätzten sie schon um 500 vor Christus als Delikatesse. Im 15. Jahrhundert kam sie nach Frankreich und England, als kostbarer Gaumenschmaus für den Adel. Genau genommen ist es nur die Blüte der Artischocke, die wir essen können. Sie wird vom Blütenstängel, der bis zu zwei Meter lang werden kann, abgeschnitten, bevor die Blütenblätter aufgehen. Ihr findet Artischocken heute in jedem Supermarkt und natürlich beim Gemüsehändler. Grün bis grünviolett sollten sie aussehen. Wenn sie bräunlich sind, lasst sie liegen, dann sind sie schon zu alt. Im Kühlschrank hält sich so eine Artischocke bis zu einer Woche.

Bevor wir uns nun die Artischocke näher ansehen, solltet ihr noch wissen, dass sie fast ein kleiner Medizinschrank ist: voll gepackt mit gesunden Stoffen. Neben den Vitaminen B1, C und Provitamin A enthält sie Mineralien, Bitterstoffe, bestimmte Säuren und Flavonoide. Das sind so genannte sekundäre Pflanzenstoffe, mit denen sich Pflanzen vor Schäden schützen, und wir essen diese Schutzwirkung gleich mit! Die Artischocke regt die Gallentätigkeit an, schwemmt Blutfett aus dem Körper, hilft bei Blähungen und Darmbeschwerden.

Spült die Artischocke ab. Dann kappt ihr die Spitzen mit der Schere (lasst euch von einem Erwachsenen helfen). Legt die Artischocke in einen Topf mit kaltem Wasser und Salz. Bringt das Wasser zum Kochen. Ein bisschen frisch gepresster Zitronensaft dazu, und nun kann die Blüte etwa vierzig Minuten vor sich hin kochen. Sie ist gar, wenn man die Blätter leicht abzupfen kann.
Nehmt die Artischocke aus dem Wasser und seht sie euch genau an. All die kleinen und großen Blütenblätter sind essbar. Zupft sie mit den Fingern alle einzeln ab und saugt sie an der breiten Seite aus. Probiert auch verschiedene Dips dazu beispielsweise die Zitronenmayonnaise oder die Vinaigrette aus dem Rezeptteil (siehe Rezepte Seite 54). Wenn ihr alle Blütenblätter ausgezuzelt habt, seht ihr lauter lose Fäden. Das sind die Blütenfäden, das so genannte »Heu«. Das muss raus, denn es ist nicht essbar. Und dann kommt der krönende Abschluss, der Artischockenboden: Er ist das Beste und zergeht auf der Zunge!

Überlegt euch einmal, was sonst noch bitter schmeckt: Probiert ein Stück zartbittere Schokolade und ein Stück Milchschokolade im Vergleich. Die Schokolade ist umso bitterer, je mehr wertvoller Kakao und je weniger Milch und Zucker darin ist.

Übrigens haben erst die Europäer die Schokolade gezuckert. Das Wort leitet sich vom Namen des ersten kakaohaltigen Getränkes ab, dem *Xocolatl* oder »Bitter-Wasser« der Azteken (*Xococ* heißt bitter, atl heißt Wasser): Es war damals eine Mischung aus Wasser, Kakao und Chili – ohne Zucker und Milch. Heute findet ihr im Supermarkt viele interessante Schokaladensorten, auch solche mit Chili oder Pfeffer– wenn ihr mutig seid, probiert einmal!

Artischocken mit Zitronenmayonnaise

Zutaten für 4 Personen:

Für die Zitronenmayonnaise:

1 ganz frisches Eigelb
1 TL mittelscharfer Senf
100 ml Pflanzenöl
Saft von 1/2 Zitrone
1 Spritzer Estragonessig
1 Prise Zucker
Salz, Cayennepfeffer
3–4 EL Sahne
1 EL geschlagene Sahne

4–5 große Zitronen
4 sehr große Artischocken (am besten aus der Bretagne)
Salz
1 EL Olivenöl

Tipp: Eine ideale Alternative zur Zitronenmayonnaise ist eine Sauce Vinaigrette. Dafür 4 EL Balsamico-Essig, Salz, schwarzen Pfeffer aus der Mühle und eine Prise Zucker vermischen, dann 8 EL hochwertiges Olivenöl einrühren, 30 g fein gewürfelte Schalotten zugeben und ziehen lassen.

1) Alle Zutaten für die Mayonnaise bis auf die geschlagene Sahne in einen hohen Becher geben und mit dem Pürierstab rasch cremig aufschlagen. Zum Schluss die geschlagene Sahne locker unterheben und kalt stellen.

2) In einer großen Schüssel 1 1/2 l Wasser mit dem Saft von 1 1/2 Zitronen mischen. Stiele der Artischocken herausbrechen, und dabei die Fasern aus dem Blütenboden mit herausziehen. Die harten Blätter rund um den Stielansatz abbrechen, bis die zarteren Innenblätter freiliegen.

3) Blattspitzen oben etwas abschneiden und mit Zitronensaft einreiben. Zitronen in acht Scheiben schneiden. Jede Artischocke unten und oben mit einer Zitronenscheibe belegen, alles mit Küchengarn stramm zusammenbinden. Sofort in das Zitronenwasser legen, damit die Schnittstellen nicht anlaufen. Die Artischocken sollen vollständig bedeckt sein.

4) 1 1/2–2 l Wasser mit Salz und Olivenöl aufkochen. Die Artischocken einlegen und mit einem Teller beschweren, der sie unter Wasser hält (so garen sie gleichmäßig).

5) Wenn sich nach 40 Minuten die Blätter der Artischocken leicht abzupfen lassen, ist der Boden gar, sonst noch einige Minuten weitergaren. Die Artischocken herausnehmen und umgedreht auf einem Gitter abtropfen lassen. Zitrone und Garn entfernen. Artischocken auf die Teller stellen, Blatt für Blatt seitlich abbrechen, den Blattansatz (das weiche Mark) in die Zitronenmayonnaise tauchen und abbeißen beziehungsweise »auszuzeln«. Dann das Heu aus dem Artischockenboden mithilfe eines kleinen Löffels herauskratzen und wegwerfen. Den freigelegten Artischockenboden ebenfalls mit der Zitronenmayonnaise genießen.

kabeljau im Reisblatt

Das etwas andere Fischstäbchen!

Zutaten für 4 Personen:

Je 1 gelbe und rote Paprika
50 g Shiitake-Pilze
1 Frühlingszwiebel
100 g Zuckerschoten
1/2 Bund Koriander
100 g Sojasprossen
3–4 EL Pflanzenöl

Für die Würzsauce:

2 Scheiben Ingwer (etwa 10 g)
1 Knoblauchzehe
4 EL Sojasauce
2 EL Fischsauce
1 TL Zucker
Saft von 1/2 Limette
einige Spritzer Sesamöl

650 g Kabeljaufilet
Salz, Pfeffer aus der Mühle
8 getrocknete Reisblätter (im Asia-Laden erhältlich)
1 Eiweiß

500 g Frittierfett

Tipp: Bei den Shiitake-Pilzen empfiehlt es sich, die Stiele zu entfernen, denn diese werden beim Braten leicht zäh.

1) Gemüse waschen und putzen. Die gelbe und die rote Paprika halbieren, Kerne entfernen und klein schneiden. Die Shiitake-Pilze säubern, Stiele entfernen und die Pilze in Scheiben schneiden. Die Frühlingszwiebel schräg in dünne Ringe schneiden, Zuckerschoten je nach Größe schräg halbieren. Den Koriander waschen, trockenschütteln, die Blättchen abzupfen und grob hacken.

2) Für die Würzsauce den Ingwer und Knoblauch schälen, klein hacken und mit Sojasauce, Fischsauce, Zucker und Limettensaft abschmecken.

3) Die Kabeljaufilets kalt abbrausen, abtupfen und in acht gleich große Stücke (etwa 10 cm lang und 3 cm dick) schneiden, salzen und pfeffern. Die Reisblätter in kleine Flocken zerbröseln. Das Eiweiß leicht aufschlagen, leicht salzen.

4) Das Frittierfett in einem großen Topf, einem Wok oder in der Fritteuse heiß werden lassen. Die Kabeljaufilets in das Eiweiß tauchen und in den Reisblätterflocken wälzen. Im Fett goldbraun ausbacken. Auf Küchenpapier abfetten lassen.

5) Das Pflanzenöl in einer großen Pfanne oder einem Wok erhitzen, geschnittenes Gemüse und die Sojasprossen darin bissfest anbraten. Die Würzsauce beigeben und alles gut vermischen und je nach Geschmack noch mit Salz und Pfeffer abschmecken. Das Gemüse kurz vor dem Servieren mit dem Koriander bestreuen, mit einigen Tropfen Sesamöl beträufeln und mit dem Fisch servieren.

Kalbsrollbraten

Der feine Sonntagsbraten!

Zutaten für 8 Personen:

Etwa 2 kg fertig gebundener Rollbraten vom Milchkalbssattel
Salz, mit etwas Paprikapulver vermengt
700 g klein gehackte Kalbsfleischknochen und Sehnen
100 g Butter, zerlassen

3 Karotten, in 2 cm große Stücke geschnitten
3 weiße Zwiebeln, geviertelt
3 Nelken
3 Knoblauchzehen in der Schale, angeklopft
3 Tomaten, geviertelt

1 Bouquet garni bestehend aus:
1 Thymianzweig, 6–8 Petersilienstängel,
1 Stange Staudensellerie

Kartoffelmehl, falls nötig

1) Den Ofen auf 250 °C vorheizen. Den Rollbraten mit Paprikasalz kräftig einreiben und mit der verschlossenen Seite nach oben in eine Pfanne mit dickem Boden legen. Gehackte Kalbsknochen rund um den Braten legen. Mit der zerlassenen Butter begießen und in den vorgeheizten Ofen schieben. Auf allen Seiten braun anbraten, also etwa 30 Minuten lang alle 5 Minuten den Braten und die Knochen drehen.

2) Die Gemüsestücke, Nelken, Knoblauchzehen, Tomaten und das Bouquet garni beigeben und mit anrösten.

3) Die Ofenhitze auf 180 °C reduzieren und den Braten immer wieder mit dem Saft übergießen. Wenn nötig stets etwas heißes Wasser angießen.

4) Nach 45 Minuten den Braten aus der Pfanne nehmen, mit Alufolie abdecken und warm stellen.

5) Die Pfanne mit den Knochen auf eine heiße Herdplatte geben und etwas Wasser beigeben, Bratansatz mit einem Kochlöffel lösen und einkochen lassen. Den Vorgang 3–4 Mal wiederholen, dies ergibt die schöne Farbe der Sauce. Den Bratensatz 20 Minuten kochen lassen und durch ein Sieb abpassieren.

6) Die Sauce noch etwas einkochen lassen und falls nötig mit wenig Kartoffelmehl abbinden. Zum Servieren den Rollbraten auf eine Platte geben und am Tisch tranchieren.

Tipp:
Meine Mutti hatte für meinen Vater und mich Kalbsnieren extra in Fett rosa und kross angebraten und zum Braten serviert: Ein Gedicht! Als Beilagen passen hervorragend junge Erbsen, Reis, Blumenkohl, Bohnen oder Kopfsalat und Tomaten. Wenn Sie gerne eine Sauce dazu mögen, am Vortag aus den Kalbsknochen eine braune Kalbsjus kochen.

Curry-Kartoffelauflauf mit Romanesco

Zutaten für 4 Personen:

500 g neue, sehr kleine Kartoffeln
1 TL Kümmel
1 Lorbeerblatt, zerdrückt
1 Knoblauchzehe, angedrückt
1 Petersilienstängel
1 Korianderstängel
250 g Romanesco (nur die Röschen)
Salz
1/4 l Milch

1 Mokkalöffel Korianderkörner
1/2 Mokkalöffel Kümmel
1/2 Mokkalöffel Fenchelsamen
3 Gewürznelken
10 schwarze Pfefferkörner
1 kleines Stück Zimtrinde
1 EL Olivenöl
10 g Butter
100 g weiße Zwiebeln, gewürfelt
100 g gekochter Schinken, gewürfelt
10 Safranfäden
1 gehäufter TL Madras-Currypulver

150 g Rahmjoghurt
500 g Sahne
1 Eigelb
150 g geriebener Gruyère (oder auch Gorgonzola)
Salz, Pfeffer aus der Mühle
Muskatnuss, frisch gerieben
1 Msp. Cayennepfeffer
1 Knoblauchzehe, geschält, halbiert
1 Bund frischer Koriander, gehackt

1) Den Backofen auf 180 °C vorheizen. Die Kartoffeln mit Kümmel, Lorbeerblatt, Knoblauch und den Kräuterstängeln in Salzwasser etwa 15 Minuten kochen, abschütten und schälen. Romanesco waschen, putzen und die Röschen in Salzwasser und Milch 8 Minuten kochen, abgießen, kalt abschrecken.

2) Korianderkörner, Kümmel, Fenchel, Nelken, Pfefferkörner und Zimtrinde in eine beschichtete Pfanne geben, kurz erhitzen und anschließend mörsern. Olivenöl und Butter in derselben Pfanne erhitzen, Zwiebeln glasig anschwitzen, Schinken zugeben und mitschwitzen lassen. Safranfäden, Currypulver und die gemörserten Gewürze hinzugeben.

3) Joghurt, Sahne und Eigelb glatt rühren, 2/3 des Käses unterrühren und mit Salz, Pfeffer, Muskat und Cayennepfeffer würzig abschmecken.

4) Eine ovale feuerfeste Form (30 x 25 cm) mit der halbierten Knoblauchzehe kräftig ausreiben, die Schinken-Zwiebel-Masse auf dem Boden verteilen und die ganzen Kartoffeln und die Romanesco-Röschen abwechselnd daraufsetzen, mit der Hälfte des Korianders bestreuen. Mit der Sahnemasse übergießen, restlichen Käse darüberstreuen und für etwa 40 Minuten in den vorgeheizten Ofen schieben, bis sich eine schöne goldbraune Kruste gebildet hat. Vor dem Servieren 10 Minuten rasten lassen und mit dem restlichen Koriander bestreuen.

Tipp: Für eine leichtere Variante die Hälfte der Sahne durch eine Béchamel ersetzen! Statt Romanesco können Sie auch Brokkoli oder Blumenkohl nehmen.

Mit Kindern sicher kochen

Kochen mit Kindern? Viele Eltern schrecken schon deshalb davor zurück, weil sie das für viel zu gefährlich halten. Und es stimmt: Kinderhände können sich leicht an der heißen Herdplatte oder am Backofen verbrennen, Fettspritzer oder verschüttete heiße Suppe können zu schmerzhaften Brandblasen führen. Und dann sind da noch die Messer, die eine Gefahrenquelle sind.

Bevor Sie also loslegen, überlegen Sie, welche Küchenarbeiten für das Alter Ihres Kindes geeignet sind. Erklären Sie genau, wovor sich Kinder in Acht nehmen müssen, und geben Sie ihnen überschaubare Aufgaben, die sie ohne Probleme bewältigen können, beispielsweise Erbsen palen, Kräuter zupfen oder Gewürze in ein Gericht geben. Bleiben Sie gelassen, falls mal etwas danebengeht. Bedenken Sie, dass selbst kleine Handreichungen Kindern großen Spaß machen. Gemüse abspülen, Teig rühren, das sind einfachste Dinge, die Kinder gefahrlos erlernen können und durch die sie sich beim Kochen einbezogen fühlen.

Wattierte Kochhandschuhe mit bunten Mustern sind ein dekorativer und effektiver Schutz vor heißen Spritzern. Sie sollten vor allem dann eingesetzt werden, wenn Kinder heiße Flüssigkeiten rühren oder wenn sie backen. Achten Sie beim Kauf darauf, dass die Handschuhe nicht zu groß sind, damit die Kinder sicher greifen können. Es sollte übrigens immer eine Tube Brandsalbe im Kühlschrank griffbereit sein.

Falls Sie keine geeigneten Kochhandschuhe in Kindergrößen finden, können Sie sie ohne großen Aufwand aus dick wattiertem Stoff nähen. Lassen Sie Ihr Kind eine Hand auf ein Blatt Papier legen, zeichnen Sie die Umrisse mit etwa zwei

Zentimetern Abstand nach. Nun schneiden Sie den Umriss aus, und schon haben Sie eine Schablone, die Sie als Schnittmuster viermal auf das Stoffstück übertragen und ausschneiden. Jeweils zwei Stoffteile mit groben Stichen zusammennähen, auf links umstülpen, fertig.

Machen Sie ihnen klar, dass Sie ein Koch-Team sind, in dem jeder seinen ganz eigenen Platz einnimmt. Und blättern Sie gemeinsam mit Ihren Kindern in diesem Buch, damit sie selbst Ideen und Wünsche entwickeln können.

Ein paar Tipps außerdem: Wenn Sie jüngere Kinder eine heiße Flüssigkeit, etwa eine Suppe rühren lassen, nehmen Sie den Topf vom Herd und stellen Sie ihn auf einen feuerfesten Untersatz. Eine Fußbank oder eine standfeste Trittleiter verschaffen den nötigen Überblick. Ziehen Sie Ihrem Kind ein langärmeliges T-Shirt an, damit die Haut bei Arbeiten am Herd zusätzlich geschützt ist. Kaufen Sie für Kinder ungefährliche Küchengeräte wie beispielsweise einen Milchschäumer oder eine Parmesan-Mühle. Lassen Sie jüngere Kinder nie allein mit einer kochenden Suppe oder mit einer heißen Pfanne, in der etwas gebraten wird. Drehen Sie Pfannengriffe auf dem Herd grundsätzlich nach innen, sodass die Kinder sich nicht daran festhalten können oder versehentlich hängen bleiben und die Pfanne vom Herd reißen.

Lassen Sie jüngere Kinder Pfeffer oder Salz mahlen, Kräuter zupfen, verzieren. Es gibt viele ungefährliche Dinge zu tun, bevor Sie dem Kind auch Aufgaben anvertrauen können, die mehr Geschick und Vorsicht verlangen.

Bunt macht gesund

Lange waren vor allem Vitamine das bevorzugte Thema der Ernährungsexperten, wenn es um gesunde Inhaltsstoffe von Obst und Gemüse ging. Erst in den letzten Jahren entdeckte man, dass noch viel mehr darin steckt: die so genannten »sekundären Pflanzenstoffe«. Hinter diesem Fachausdruck verbirgt sich die Erkenntnis, dass frisches Obst und Gemüse eine Fülle von Stoffen enthält, die sich überraschend intensiv auf unsere Gesundheit und unser Wohlbefinden auswirken. Das beginnt schon bei der Farbe und beim Geruch: Bereits wenn wir eine rote Tomate sehen oder den Duft von Orangen riechen, wird im Organismus eine Fülle positiver Wirkungen ausgelöst. Erstaunliches, ja, geradezu Verblüffendes fanden die Forscher heraus: Schon der Duft einer Rose beeinflusst beispielsweise das Hormonsystem. Und der Duft von Orangen kann unsere Stimmung derart nachhaltig aufhellen, dass er auch in der Aromatherapie eingesetzt wird, mit Duftölen, die erwärmt werden, um die Psyche zu harmonisieren. Allerdings sind meist synthetische Öle im Handel, künstlich hergestellte Aromen also, die nicht die Wirkung von natürlichen Düften hervorrufen. Sie brauchen keine Ersatzstoffe: Wenn ein Kind eine Mandarine oder Orange isst, entfaltet sich der Duft ganz natürlich – und wirkt.

Ähnlich verhält es sich mit den Farben. So wie es mittlerweile die Aromatherapie gibt, wurde auch ein System der psychischen Wirkung von Farben entdeckt. Die Farbtherapie ist inzwischen eine anerkannte Disziplin. Nutzen Sie diese Erkenntnisse – schon die leuchtende Farbe einer Mandarine ist ein wichtiger Teil des Erlebnisses. Sie finden im Novemberkapitel Rezepte, in denen Farbe und Duft besonders hervortreten: Ein buntes Paprikagemüse in den Farben Gelb, Rot und Grün macht Appetit. Ein gelber Maiskolben weckt die Lust, daran zu knabbern. Frische grüne Erbsen sind ein echter Hingucker. Das sinnliche Erlebnis frisch zubereiteter Gerichte, die nicht in Fertigsaucen ertrinken und deren Aroma nicht durch Übersalzung zerstört wurde, ist daher nicht nur genussvoller, es ist auch gesünder.

Viele sekundäre Pflanzenstoffe stecken in der Schale von Obst und Gemüse. Sie bringen wichtige Stoffwechselprozesse in Gang und sind unerlässlich für die Aufnahme von anderen Inhaltsstoffen wie den bereits erwähnten Vitaminen. Aus diesem Grund sollten Sie etwa Äpfel und Birnen möglichst nicht schälen – kaufen Sie Bioware, denn bei Obst aus konventionellem Anbau sind die meisten Giftstoffe wie Pestizide auf der Schale nachweisbar. Für Kartoffeln gilt: Leisten Sie sich möglichst Biokartoffeln und kochen Sie sie in der Schale, Sie können sie dann samt der wertvollen sekundären Pflanzenstoffe mitessen. Wer das nicht mag, sollte trotzdem Pellkartoffel kochen, denn viele wichtige Inhaltsstoffe der Kartoffel sitzen auch direkt unter der Schale und würden beim Schälen verloren gehen.

Lammragout
mit provenzalischem Gemüse

Zutaten für 4 Personen:

1 kg Lammfleisch (aus der Schulter)
2 EL Olivenöl
1 EL Butter
Salz, schwarzer Pfeffer aus der Mühle
2 TL Mehl
1 EL Tomatenmark
6 mittelgroße Schalotten, geschält
3 Knoblauchzehen, in der Schale angedrückt
etwa 1/2 l heiße Gemüsebrühe (oder Wasser)

1 Bouquet garni (4 kleine Thymianzweige, 1 Rosmarinzweig, 8 Petersilien- oder Basilikumstängeln in ein gewaschenes Lauchblatt einrollen und fest mit Küchengarn zusammenbinden)

Für das Gemüse:

500 g Kartoffeln
1 Aubergine, mittelgroß
1 Zucchini, mittelgroß
4 Tomaten
einige Thymianzweige
einige Rosmarinzweige
3 Knoblauchzehen
Meersalz
100 g entkernte schwarze Oliven
Olivenöl zum Braten

1) Den Backofen auf 160 °C vorheizen. Das Lammfleisch in 4 cm große Würfel schneiden.

2) Olivenöl und Butter in einem Bräter erhitzen, das Lammfleisch darin von allen Seiten etwa 5 Minuten anbraten. Erst jetzt mit Salz und Pfeffer würzen, mit Mehl bestäuben, Tomatenmark, Schalotten und Knoblauch dazugeben und weitere 5 Minuten rösten. Mit einem Schuss Brühe ablöschen, Flüssigkeit vollständig einkochen lassen und den Vorgang zweimal wiederholen.

3) Bouquet garni einlegen, abdecken und im Ofen in etwa 1 1/4 Stunden weich garen, dabei immer wieder umrühren und gegebenenfalls zwischendurch noch etwas heiße Brühe (oder Wasser) angießen.

4) Die Kartoffeln waschen, in Salzwasser weich kochen, abschütten, abkühlen lassen, schälen und in grobe Würfel schneiden. Das Gemüse waschen und putzen: Die Auberginen im Abstand von 1 cm schälen, die »gestreifte« Frucht in grobe Würfel schneiden. Zucchini ebenfalls in grobe Stücke schneiden. Die Tomaten vom Strunk befreien, kreuzförmig einschneiden, mit kochendem Wasser so lange überbrühen, bis sich die Haut löst, eiskalt abschrecken, enthäuten, vierteln und entkernen und die Viertel nochmals halbieren.

5) Das vorbereitete Gemüse und die Kartoffeln nacheinander separat in einer Pfanne mit Olivenöl anbraten, jeweils etwas Thymian, Rosmarin und angedrückten Knoblauch beigeben, mit Meersalz und Pfeffer abschmecken und herausnehmen, auf Küchenpapier legen.

6) Das Lammragout aus dem Ofen nehmen, Bouquet garni entfernen, Fett abschöpfen und mit Salz und Pfeffer abschmecken. Zum Schluss das gebratene Gemüse (bis auf die Kartoffeln) vorsichtig mit dem Lammragout mischen, Oliven dazugeben, nochmals 10 Minuten köcheln lassen und mit den Kartoffeln servieren.

Joghurt-Crème brûlée

Zutaten für 6 Personen:

1 Vanilleschote
125 ml Milch
125 g Joghurt
250 g Sahne
5 Eigelbe
40 g Zucker

Außerdem:

6 Crème-brûlée-Schälchen (Durchmesser 10 cm, Höhe 4 cm) oder andere feuerfeste Förmchen
Bunsenbrenner
6 EL brauner Zucker zum Abflämmen

1) Den Ofen auf 90 °C vorheizen.

2) Die Vanilleschote längs aufschlitzen und das Mark herauskratzen. Das Vanillemark zusammen mit allen weiteren Zutaten in eine Schüssel geben und mit einem Schneebesen verrühren.

3) Die Mischung auf die Crème-brûlée-Schälchen verteilen.

4) Ein tieferes Blech mit Zeitungspapier auslegen (2–3 Lagen) und etwa 1 cm hoch mit heißem Wasser aufgießen.

5) Die Schälchen auf das Blech stellen und für etwa 1 Stunde in den Ofen schieben.

6) Die Crème brûlée herausnehmen und abkühlen lassen.

7) Erst kurz vor dem Servieren den braunen Zucker darüberstreuen. Mit einem Bunsenbrenner den Zucker karamellisieren, damit sich eine knusprige, zartbraune Kruste bildet.

Tipp:
Das Zeitungspapier auf dem Blech leitet die Hitze gleichmäßiger und verhindert so, dass sich unerwünschte Blasen in der Crème brûlée bilden. Außerdem stehen damit die Förmchen rutschfest auf dem Blech!

April

Der große Familienbrunch

Die Osterzeit begann früher traditionell mit einer Fastenperiode, und heute folgen viele Menschen wieder dieser Tradition. Sie trinken zum Beispiel keinen Alkohol, oder sie essen bewusst einmal ein paar Wochen lang nichts Süßes.

Ursprünglich entstand dieser Brauch aus der christlichen Vorstellung, dass bis zum Osterfest, dem Fest der Auferstehung, des Leidens von Jesus Christus gedacht wird und dass man sich daher mit dem Essen freiwillig einschränkt.

Doch ganz gleich, ob man sich in dieser christlichen Überlieferung zu Hause fühlt oder nicht: Fasten ist ein Ritual, das in allen Weltreligionen eine große Rolle spielt, und Verzicht ist kein schlechter Start für eine bewusstere Form des Essens. Wer mag, kann ja mal die Parole ausgeben: Vier Wochen keine Schokoriegel oder vier Wochen kein Fast-Food. Wenn man den Verzicht zeitlich begrenzt, wenn man sich ein Ziel setzt, so kann es eine verblüffende Erfahrung sein, dass man bestimmte Dinge in der Tat nicht braucht, obwohl man sie für unentbehrlich gehalten hat.

Nach dem Fasten beschert uns diese Tradition das Osterfest, bei dem man früher sogar extrem gut und reichhaltig gegessen hat, um sich für die Wochen des Verzichts zu belohnen. Es ging ganz schön üppig zu. Nahrhafte Eierspeisen standen auf dem Speisezettel, ein Lamm wurde aufgetischt, auch Süßspeisen gab es reichlich. Vor allem in den Klöstern, wo die Mönche sehr streng fasteten, wurde an Ostern geschlemmt, dass sich die Tische bogen. Aus alten Rezeptbüchern weiß man, dass Kuchen mit sechzehn Eiern keine Seltenheit waren. Überliefert ist auch die Zubereitung eines Fleischmahls, bei dem ein Kalb mit einem Ferkel gefüllt wurde, in dem sich wiederum ein Hase und ein Huhn verbargen. Solche Schlemmereien sind heute natürlich nicht mehr üblich – selbst ein mehrgängiges Ostermenü überfordert meistens nicht nur die Hausfrau, sondern auch die Mägen der Esser.

Siehe »Madleines«, Seite 86
oder »Croque-Monsieur«, Seite 82
oder »Muffins«, Seite 120

Bereiten Sie mit Ihren Kindern stattdessen einen großen Osterbrunch zu – ein spätes Frühstück also, das in ein leichtes Mittagessen übergeht und für jeden Geschmack und jeden Hunger etwas bereithält. Legen Sie an Ostern besonderen Wert auf die Dekoration. Wenn Sie kleinere Kinder haben, ist das Färben und Verzieren von hart gekochten Eiern ein Klassiker, aber das Schmücken der Ostertafel verliert auch bei älteren Kindern nichts von seiner Attraktivität. Solche Familienfeste stiften Gemeinsamkeit, sie strukturieren den Jahresablauf und machen Ostern zu mehr als einer Abfolge freier Tage.

Überlegen Sie gemeinsam mit Ihren Kindern, welche Eierspeisen sie ausprobieren möchten. Lassen Sie sie immer wieder das Aufschlagen und Trennen von Eiern üben. Machen Sie Ihre Kinder darauf aufmerksam, dass es große Unterschiede bei der Qualität von Eiern gibt – unter dem Stichwort auf Seite 72 erfahren Sie alles Wissenswerte.

Wenn Sie Zeit haben, machen Sie einen Osterspaziergang der ganz speziellen Art: Besuchen Sie mit Ihren Kindern einen Bauernhof, wo Hühner frei herumlaufen und ihre Eier ins Stroh legen. Das kann ein Ökohof oder eine städtische Domäne sein, wo Besucher willkommen sind. Es ist eine ganz besondere Erfahrung vor allem für Stadtkinder, die Eier nur aus Pappschachteln kennen.

Spargelsalat mit pochiertem Ei

Zutaten für 4 Personen:

1 kg weißer Spargel
Salz
1 Spritzer Zitronensaft
Zucker
1 EL Butter

Für die Vinaigrette:

3 EL Obstessig
schwarzer Pfeffer aus der Mühle
6 EL neutrales Pflanzenöl

Für die pochierten Eier:

4 ganz frische Eier aus dem Kühlschrank
5 EL Weißweinessig

Für die Garnitur:

80 g Salatherzen von einem Kopfsalat, gewaschen und trockengetupft
100 g Salatgurke, gewaschen, aber nicht geschält, in kleine Würfel geschnitten
4 Radieschen, in kleine Würfel geschnitten
1 Hand voll abgezupfte Kräuter (Petersilie, Schnittlauch, Kerbel, Dill, Estragon)

1) Spargel sorgfältig waschen und schälen, auf gleiche Länge zurechtschneiden. In 2 l leicht kochendem Salzwasser mit Zitrone, Zucker und Butter nicht zu weich kochen (etwa 12 Minuten): Die Spargelspitzen sollten noch Biss haben. Anschließend in Eiswasser kurz abschrecken und auf einem Küchentuch abtropfen lassen.

2) Für die Vinaigrette Obstessig mit Salz, Pfeffer und Zucker abschmecken, kurz stehen lassen und das Öl einrühren.

3) Spargel in eine Form legen und mit der Vinaigrette begießen und darin ziehen lassen.

4) Etwa 750 ml Wasser mit dem Essig aufkochen lassen. Die Eier nacheinander vorsichtig ins Wasser hineingleiten lassen. Mit einer Schöpfkelle auffangen, um das Ei in Form zu halten. Etwa 3 Minuten im Wasser gar ziehen lassen, mit der Schaumkelle herausnehmen und in lauwarmes Salzwasser legen. Dadurch wird verhindert, dass die Eier hart werden. Vor dem Servieren die Eiweißfäden abschneiden.

5) Spargel aus der Vinaigrette nehmen, auf einem Teller schön anrichten, den Kopfsalat daraufgeben und mit den Gurken- und Radieschenwürfeln garnieren. Das pochierte Ei ganz vorsichtig obenauf legen und mit den frischen, gezupften Kräutern bestreut servieren.

Tipp:
Sie können auch einfach Eier wachsweich kochen, schälen und dazu servieren.

Eier

Eier gehören zu den wichtigsten Grundnahrungsmitteln und werden in allen Kulturen gerne gegessen. Bei uns sind es vor allem Hühnereier, die auf den Tisch kommen. Auch Möweneier kann man essen, und Wachteleier sind in großen Supermärkten inzwischen frisch erhältlich, meist werden sie jedoch eingelegt in Gläschen verkauft. Eine der seltsamsten kulinarischen Errungenschaften sind übrigens Schneckeneier, doch diese Delikatesse gehört eher in die Kuriositätenabteilung und hat sich nicht wirklich durchgesetzt.

Für das Gelingen von Eierspeisen ist die Qualität und Frische von Eiern ausschlaggebend. Dabei ist es gar nicht so leicht, das richtige Ei zu finden. Am besten sind legefrische Landeier, von Bauernhöfen, in denen ausschließlich Körner verfüttert werden und wo die Hühner draußen in der Erde scharren können.

Im Supermarkt kann man sich orientieren, wenn man die Klassifizierung versteht, die als Stempel auf jedes Ei aufgedruckt ist und auf die Herkunft und das Legedatum verweist. Die Herkunft wird in vier Kategorien unterteilt: 0 bedeutet, dass die Hühner auf einem Bauernhof leben, der nach ökologischen Gesichtspunkten betrieben wird, also ohne Chemie und ohne enge Käfige. 1 bedeutet, dass sie draußen herumlaufen und scharren dürfen, 2, dass die Hühner auf dem Boden gehalten werden, und 3, dass sie in Drahtkäfigen leben. Darauf folgt die Länderkennzeichnung: Steht dort ein DE, so handelt es sich um Eier aus Deutschland, bei NL stammen sie aus den Niederlanden, bei FR aus Frankreich. Die daran anschließenden Nummern dienen der Identifizierung des Betriebes, und damit können die Eier sogar bis in den Legehennenstall zurückverfolgt werden. Auch die Größen werden gekennzeichnet: Der Buchstabe S steht für ein Gewicht unter 53 g, ein Ei der Größe M wiegt zwischen 53 g und 63 g, ein Ei in L wiegt 63 g bis unter 73 g, und bei XL wiegt das Ei 73 g oder mehr. Die Gewichtsunterschiede sind wichtig, wenn man Kuchen backt, weil es dabei auf genaue Mengen ankommt. Der Buchstabe A auf der Packung kennzeichnet vor allem die Frische. Eier der Güteklasse A dürfen nur eine Luftkammer unter 6 mm aufweisen (das Ei ist dann meist zwischen 7–9 Tage alt). Je älter ein Ei ist, desto mehr Luft ist im Ei, denn durch die poröse Schale verdunstet nach und nach Flüssigkeit. Auf der Packung ist das Legedatum und das Mindesthaltbarkeitsdatum angegeben. Hühnereier können die ersten 20 Tage ab Legedatum ungekühlt gelagert werden, da das Ei über die so genannte Katikula auf der Schale geschützt ist. Damit dieser Immunschutz nicht zerstört wird, dürfen Eier nicht gewaschen werden, bevor sie in den Handel kommen. Bei Eiern ohne Verpackung oder Stempel gibt ein Test Aufschluss: Frische Eier dürfen beim Schütteln keine Geräusche erzeugen. Erst alte Eier haben so viel Flüssigkeit verloren, dass Eiweiß und Dotter beim Schütteln hörbar an die Schale stoßen. Einen weiteren Frischetest kann man mit den Kindern zusammen machen. Bewahren Sie ein Ei bis weit über das Haltbarkeitsdatum hinaus auf und geben Sie es in ein Glas mit Wasser. Frische Eier sinken darin nach unten, ältere schweben, alte schwimmen oben. Man sieht auch dem aufgeschlagenen Ei an, wie frisch es ist. Beim frischen Ei ist der Dotter gewölbt und fest. Bei älteren Eiern schrumpft der Dotter immer mehr ein. Vorsicht: Älteres Eiweiß lässt sich nicht so gut zu Eischnee aufschlagen wie frisches. Und das Pochieren gelingt ohnehin nur mit ganz frischen Eiern. Die milchigen Flocken im rohen Eiklar sind übrigens kein Zeichen, dass etwas nicht stimmt. Sie sind der so genannte Hagelstrang, der die Pole des Dotters mit der Eiweißhaut verbindet. Was den Geschmack betrifft, so spielt die Ernährung der Hühner eine entscheidende Rolle. Werden sie beispielsweise mit Fischmehl gefüttert, verändert sich der Geschmack sehr unangenehm. Die Farbe der Eierschale hat auf den Geschmack keinen Einfluss, sie ist genetisch festgelegt, und bei reinrassigen Hühnern kann man nicht etwa anhand des Gefieders auf die Farbe schließen, sondern man erkennt an der Farbe des Ohrlappens beim Huhn, ob es einmal braune oder weiße Eier legt.

Osterzauber

In meiner Kindheit wurden die Ostertage mit der gleichen Sorgfalt vorbereitet und genossen wie das Weihnachtsfest, das ja heute allgemein einen viel größeren Stellenwert hat.

Wir Kinder freuten uns auf Ostern genauso wie auf Weihnachten. Der Höhepunkt war natürlich das Ostereiersuchen. Hinter dem Kindergarten lag eine Wiese mit vielen Tannenbäumchen, und wenn die Kindergartendamen die Nester versteckt hatten, schwärmten wir aufgeregt aus. In den Nestern lagen winzige Schokoladeneier in buntem Stanniolpapier, die wir vor Begeisterung leider alle auf einmal aßen: Wir waren überglücklich, denn Süßigkeiten waren damals noch eine Ausnahme. Meine Eltern nahmen es mit dem Fasten zwar nicht so genau. Aber in der Woche vor Ostern gab es auch bei uns zu Hause kein Fleisch, sondern süße Hauptspeisen wie etwa Scheiterhaufen oder Reisauflauf mit Äpfeln. Das war ungewöhnlich, denn mein Vater bestand sonst auf seiner Fleischportion oder zumindest auf einem Würschtl, das ich ihm extra vom Metzger holen musste, wenn meine Mutter mal nur Gemüse auf den Mittagstisch brachte.

Bereits am Ostersamstag kündigte sich das große Ereignis an. Wir Kinder wurden mit einem Körbchen voller Leckereien in die Ostermette geschickt, in der all die guten Sachen geweiht wurden, auf die wir uns schon lange freuten. Vor allem auf den großen Osterschinken, der erst am Ostermorgen verschnabuliert werden durfte. Meine Mutter machte mir immer den Korb zurecht: Darin lagen Eier, der Schinken, gebratenes Lamm, und verziert wurde der Korb mit Weidenkätzchen.

Die Wohnung meiner Eltern lag auf einem Plateau, die Kirche war unten im Tal. Es dauerte eine halbe Stunde, um zu Fuß herunterzugelangen. Der beschwerliche Weg hieß »die Schreckstiege«, denn man musste ganz schön kraxeln, so steil war sie. Dort kletterte ich am Ostersamstag nachmittags hinab, beladen mit meinem Korb, aus dem ich mir nur allzu gern etwas Wegzehrung genommen hätte, aber das traute ich mich nicht. Auch auf dem Weg zurück lachte mich der Schinken an, das war eine arge Prüfung.

Wenn ich nach Hause kam, ging es gleich in die Küche. Meine Mutter hatte schon Eier gekocht, und gemeinsam ging es jetzt ans Eierfärben. Anschließend wurden die Eier mit einer Speckschwarte eingerieben, bis sie schön glänzten. Im Ofen brutzelte das Osterlamm, das bei uns meist eine Hammelkeule war. Dazu machte meine Mutter grüne Bohnen mit Dill, Sahne und Essig. Den Geschmack von Lamm und Hammel habe ich ehrlich gesagt erst viel später schätzen gelernt, denn meine Mutter ließ das Fett am Fleisch, was einen intensiven, strengen Geschmack erzeugt, denn im Fett steckt ja das typische Hammelaroma.

Am Ostermorgen mussten die bunten Hühnereier vor dem Essen für das Eier-Duell herhalten: Die Duellanten halten jeweils ein buntes gekochtes Ei in der Hand, die Spitze dem Gegner zugewandt. Dann wird »gedätscht« – gewonnen hat der, dessen Ei heil geblieben ist.

Ein kressegarten

Ein »Kressegarten« wird in vielen Läden als Set mit Kressesamen, einer Schale und einem speziellen Boden angeboten. Es gibt die Kresse aber auch bereits fertig gekeimt in kleinen Kästchen aus Pappe. Bei der ersten Variante muss regelmäßig gegossen werden, und es ist spannend zu sehen, wie die Kresse keimt und wächst. Frische Kresse schmeckt übrigens besonders gut auf Broten mit Quark oder mit Frischkäse.

Für eine österliche Tischdekoration können Sie den Kressegarten kreativ abwandeln: Schlagen Sie die Eier vorsichtig auf, sodass zwei gleiche Hälften entstehen. Die Eiweiße und die Eidotter können Sie für ein Rührei oder zum Backen verwenden. Setzen Sie die Schalenhälften in Eierbecher oder zurück in den Eierkarton, zerschneiden Sie den Nährboden eines Kressekästchens in kleine Vierecke und setzen Sie diese dann vorsichtig in die Eierschalen. Es gibt auch verschiedene andere Keimlinge, etwa von Radieschen oder Brokkoli, die sich in Form und Farbe von der Kresse unterscheiden. Kombiniert sehen die Pflänzchen besonders hübsch aus, und natürlich können die Eierschalen auch noch mit Farbe verziert werden.

Zander mit Kartoffelschuppen

Für 4 Personen:

4 Zanderfilets à 150 g, küchenfertig vorbereitet
3 aromatische Tomaten
150 g Champignons
2 mittelgroße Kartoffeln (fest kochend)
Salz, weißer Pfeffer aus der Mühle
2 Thymianzweige
1 Knoblauchzehe, in der Schale angedrückt
2 EL Olivenöl
2 EL kalte Butter
1/2 Bund Schnittlauch (und Schnittlauchblüten zum Garnieren)

Für die Senf-Buttersauce:

2 kleine Schalotten, fein gewürfelt
100 ml Weißwein
100 ml Fischfond
2 TL Weißweinessig
1 gestrichener TL scharfer Senf
160 g kalte Butter, in kleine Würfel geschnitten
2 EL angeschlagene Sahne

1) Einen Topf mit Wasser zum Kochen bringen. Die Tomaten vom Strunk befreien, kreuzförmig einritzen, in kochendem Wasser kurz blanchieren, enthäuten, vierteln, Kerne entfernen und das Fruchtfleisch in kleine Würfel schneiden.

2) Die Champignons putzen, ganz kurz kalt abbrausen und je nach Größe halbieren oder vierteln, auf einem Küchenpapier abtrocknen und bis zur Weiterverwendung kühl stellen.

3) Die Schalottenwürfel, Weißwein und Fischfond in einen Topf geben, aufkochen und das Ganze fast vollständig reduzieren lassen.

4) Die Zanderfilets waschen, von eventuellen Gräten befreien und mit einem Küchenpapier trockentupfen. Die Kartoffeln schälen und in feine Scheiben (am besten auf der Aufschnittmaschine) schneiden. Mit einem runden Ausstecher ca. 2 cm kleine Kreise ausstechen. Die Zanderfilets salzen. Die kleinen Kartoffelscheiben schuppenartig auf den Fisch legen, bis dieser vollkommen bedeckt ist. Mit einem Tuch vorsichtig festdrücken und trockentupfen.

5) Olivenöl in einer beschichteten Pfanne erhitzen und die Zanderfilets mit der Schuppenseite nach unten hineinlegen und bei nicht so starker Hitze knusprig hellbraun braten. Zanderfilets wenden, die Thymianzweige, Knoblauchzehe und 1 EL kalte Butter hinzugeben, Butter aufschäumen lassen und den Zander unter ständigem Übergießen fertig garen.

6) Schnittlauch waschen, trockenschütteln und in feine Röllchen schneiden. Schnittlauchblüten zupfen. 1 EL Butter in einer Pfanne aufschäumen lassen, Champignons darin kurz anbraten und salzen.

7) Die heiße Reduktion mit einigen Tropfen Essig, Salz und Pfeffer abschmecken, den Senf einrühren und nach und nach die kalte Butter mit dem Pürierstab einmixen.

8) Kurz vor dem Servieren die Champignons, Tomatenwürfel und die angeschlagene Sahne unterheben. Die Zanderfilets (mit den Kartoffelscheiben nach oben) mit der Sauce auf vorgewärmten Tellern anrichten, mit Schnittlauch bestreuen und servieren.

Lammkarree
mit Senfkruste und Bohnen-Mikado

Zutaten für 4 Personen:

2 küchenfertige Lammkarrees à 500 g
2 EL Pflanzenöl

Für die Senfkruste:

125 g weiche Butter
1 TL scharfer Senf
1 TL mittelscharfer Senf
2 Zweige Thymian, Blätter abgezupft, fein gehackt
2 Zweige glatte Petersilie, fein gehackt
30 g Semmelbrösel
Salz, Pfeffer aus der Mühle

Für die Bohnen:

1 EL frisches Bohnenkraut
100 g Schnippelbohnen
150 g Keniabohnen
250 g Dicke Bohnen
1–2 Frühlingszwiebeln
2 EL Olivenöl

Tipp:
Bei großen Dicke-Bohnen-Kernen bitte zusätzlich noch die Haut abziehen. Zum Lammkarree passt außerdem das Kartoffelgratin (siehe Seite 20)!

1) Für die Kruste die Butter in eine Schüssel geben und weißschaumig aufschlagen, scharfen und mittelscharfen Senf, Thymian, Petersilie und die Semmelbrösel dazugeben, verrühren und mit Salz und Pfeffer abschmecken.

2) Die Krustenmischung auf ein Stück Klarsichtfolie streichen, aufrollen und einwickeln. Die Rolle im Kühlschrank fest werden lassen.

3) Einen Topf mit Wasser aufsetzen, salzen und das Bohnenkraut dazugeben. Das Wasser zum Kochen bringen. Eine Schüssel mit Eiswasser bereitstellen. Währenddessen die Schnippel- und Keniabohnen putzen und gegebenenfalls von den Fäden befreien. Schnippelbohnen in 2 cm große Stücke schneiden, Dicke Bohnen aus den Schoten lösen. Nacheinander die Bohnen im Salzwasser bissfest blanchieren und im kalten Wasser abschrecken.

4) Die Frühlingszwiebeln waschen und putzen und klein schneiden. Den Backofen auf 200 °C vorheizen. Die Lammkarrees von eventuellen Sehnen befreien, salzen und pfeffern. In einer Pfanne in Öl auf beiden Seiten kurz anbraten, dann für etwa 16 Minuten bei 200 °C in den Ofen schieben. Das Lamm herausnehmen, mit Folie abdecken und kurz ruhen lassen. Den Ofen auf Grill oder starke Oberhitze aufheizen.

5) Von der Senfkruste dünne Scheiben abschneiden und auf die Karrees legen. Das Fleisch für etwa 3–5 Minuten zum Gratinieren zurück in den Ofen schieben.

6) In einer Pfanne das Olivenöl erhitzen, Frühlingszwiebeln kurz anschwitzen, die abgetropften Bohnen dazugeben, erhitzen und mit Salz und Pfeffer abschmecken.

7) Die gratinierten Lammkarrees aus dem Ofen nehmen, in Scheiben schneiden, mit den Bohnen auf vorgewärmten Tellern anrichten und servieren.

Ei im Förmchen

Zutaten für 4 Personen:

2 TL weiche Butter für die Formen
4 EL dickflüssige Sahne
4 Eier
4 haselnussgroße Butterstücke
Salz

Außerdem:

4 kleine feuerfeste Förmchen

1) Den Ofen auf 180 °C vorheizen. Die Förmchen mit Butter auspinseln und auf ein Blech mit hohem Rand stellen, dieses bis zur Hälfte mit heißem Wasser auffüllen.

2) Je 1 EL Sahne in jedes Förmchen geben. Jeweils 1 Ei vorsichtig hineinschlagen (aufpassen, dass das Eigelb dabei nicht verletzt wird) und mit einem Stück gesalzener Butter belegen. Für 6–7 Minuten in den Ofen schieben.

Tipp:
Sie können die Eier im Förmchen mit Räucherlachs und grünem Spargel oder auch mit Prager Schinken und Gruyère variieren!

Rührei mit geräuchertem Saibling

Zutaten für 2 Personen:

4 frische Landeier
Salz
frisch geriebene Muskatnuss
weißer Pfeffer aus der Mühle
2 halbe Eierschalen voll Sahne
2 halbe Eierschalen voll spritzigem Mineralwasser
1 EL Butter
etwas frisch gezupfter Dill
100 g geräuchertes Saiblingsfilet (ohne Haut und Gräten, siehe Tipp)

1) Die Eier aufschlagen, mit Salz, einem Hauch Muskat und weißem Pfeffer würzen. Sahne und Mineralwasser dazugeben, mit einer Gabel rasch durchschlagen.

2) Butter in der Pfanne aufschäumen lassen, die Eier dazugeben und bei geringer Temperatur unter ständigem Rühren zu einer flaumigen Konsistenz rühren.

3) Auf tiefe vorgewärmte Teller verteilen, mit dem lauwarmen geräucherten Saibling belegen, mit Dill ausgarnieren und am besten mit getoastetem Landbrot mit frischer Butter genießen.

Tipp:
Die geräucherten Saiblingsfilets kurz vor dem Servieren im Ofen bei 90 °C warm stellen.

kräuterquark mit kartoffeln

Tipp:
Je nach Jahreszeit kann man natürlich auch andere Kräuter wie etwa Basilikum, Minze, Gartenkresse oder Kerbel verwenden. Kartoffeln und Butter schmecken Groß und Klein. Und für die ganz besondere Butter siehe Seite 152.

Zutaten für 4 Personen:

600 g neue Kartoffeln

180 g Frischkäse
20 g Quark
100 ml Sahne
1 Prise Cayennepfeffer
Salz
schwarzer Pfeffer aus der Mühle
Saft von 1/2 Zitrone

1/2 Bund Schnittlauch
3 Zweige Petersilie
1 Zweig Dill

1) Die Kartoffeln gründlich waschen und ungeschält in einen Topf mit Salzwasser geben. Die Kartoffeln darin einmal aufkochen lassen und in etwa 20 Minuten (je nach Größe) gar kochen.

2) Den Frischkäse mit dem Quark und der Sahne glatt rühren und mit Cayennepfeffer, Salz, Pfeffer und Zitronensaft abschmecken.

3) Die Kräuter waschen, trockenschütteln und fein schneiden. Die Kräuter in die Quarkmischung geben und verrühren.

4) Die Kartoffeln in einer Schale zusammen mit dem Kräuterquark servieren.

Croque-Monsieur

Zutaten für 2 Personen:

4 Scheiben Tramezzini-Brot (im italienischen Handel erhältlich, alternativ: Toastbrot)
weiche Butter zum Bestreichen
150 g Crème fraîche
200 g geriebener Käse (z.B. Gruyère)
4 Scheiben dünn geschnittener gekochter Schinken (z.B. Prager) ohne Fett und Schwarte
Salz
Pfeffer aus der Mühle
Cayennepfeffer
etwas Sonnenblumenöl zum Braten

Außerdem:

Butterbrotpapier

1) Zwei Scheiben Tramezzini-Brot mit weicher Butter bestreichen. Eine Scheibe mit der gebutterten Seite nach unten auf Butterbrotpapier legen.

2) Die Crème fraîche mit dem geriebenen Käse mischen und mit Salz, Pfeffer und Cayennepfeffer würzen. Das Brot mit dieser Käsemischung dünn bestreichen und mit zwei Scheiben Schinken belegen.

3) Wieder mit Käsemischung bestreichen und die zweite Scheibe Brot, gebutterte Seite (zeigt jetzt nach außen) oben darauflegen. Alles gut zusammendrücken und in Butterbrotpapier einwickeln. Das zweite Brot ebenso zubereiten.

4) Die Brote etwa 1 Stunde im Kühlschrank ruhen lassen. Dann herausnehmen, halbieren und in einer beschichteten Pfanne auf beiden Seiten in Sonnenblumenöl goldbraun braten. Jedes Brot noch einmal quer in Dreiecke schneiden und servieren.

Tipp:

Croque-Monsieur können Sie auch im vorgeheizten Backofen bei 180 °C in 15–20 Minuten zubereiten.

Probieren Sie Croque-Monsieur auch mal mit frischem oder geräuchertem Lachs. Die Creme können Sie dafür noch mit frischen Kräutern, beispielsweise Dill, Schnittlauch, Basilikum, Estragon oder Petersilie, verfeinern!

Zuckerdetektive im Einsatz

Das Geschmackslabor ist heute eine ausgesprochen süße Angelegenheit – ja, ihr habt richtig gelesen, es geht heute um einen Geschmack, den wir alle lieben, der aber auch verhängnisvoll sein kann. Denn süße Sachen sind unwiderstehlich, und manchmal können wir gar nicht genug davon bekommen, obwohl sie eigentlich ungesund sind. Sicher kennt ihr die Situation: An der Kasse im Supermarkt liegen lauter Süßigkeiten, die euch das Wasser im Mund zusammenlaufen lassen. Warum bloß finden die Erwachsenen immer, dass man nicht so viel naschen sollte? Haben sie Recht? Oder sind sie einfach nur Spielverderber? Und woraus besteht überhaupt Zucker? Zucker wird aus Naturprodukten gewonnen. Meist aus der Zuckerrübe oder auch aus Zuckerrohr, das in tropischen Ländern angebaut wird. Es gibt außerdem Fruchtzucker, der aus Früchten hergestellt wird. Schaut mal im Supermarktregal nach, welche Sorten Zucker es gibt: weißen Zucker, braunen Zucker, Kandiszucker, Puderzucker, Zuckerstückchen in verschiedenen Formen. Im Bild seht ihr einen besonderen Kandiszucker aus Persien: Er ist so gelb, weil er mit Safran gekocht wurde, und hat ein sehr feines Aroma.

Das Dumme ist, dass wir im Grunde nur wenig Zucker vertragen: Als Erstes greift er unsere Zähne an. Mit dem Speichel bildet er Säuren, die den Zahnschmelz zerlöchern und zusammen mit speziellen Bakterien zu Karies führen. Ist der Zucker erst mal im Bauch, so stellt er viel Bedenkliches mit unserem

Körper an. Er verhindert, dass wir Vitamine aufnehmen können. Und Zucker macht dick, denn er liefert so viel Energie, dass der Körper nicht alles verbraucht, sondern den Rest in Fett verwandelt. Zucker hat daneben noch eine andere Wirkung: Er macht zunächst munter und dann wieder schlapp. Also ist Zucker mit Vorsicht zu genießen, und es kommt auf die Dosierung an. Künstlich hergestellten Industriezucker brauchen wir nicht zum Leben. Er ist ein Extra, mit dem wir sehr sorgfältig umgehen sollten. Macht den Geschmackstest – entdeckt, was für süße Varianten es gibt, denn erst in Kombination mit anderen Geschmacksrichtungen wird die Süße erst richtig interessant. Und putzt euch hinterher am besten die Zähne!

Für den Geschmackstest besorgt ihr euch: eine Banane, eine frische Ananas, Ananas aus der Dose, einen Apfel, eine Honigmelone, etwas weißen Kristallzucker, einen Klecks Honig, frische Erdbeeren und Ketchup.

Beginnt mit einem Stückchen Banane. Wo fühlt es sich auf der Zunge süß an? Vorn, hinten, an den Seiten? Und was schmeckt ihr noch? Nun bittet ihr einen Erwachsenen, eine Ananas zu schälen und eine Dose Ananas zu öffnen. Aha! Die frische Ananas ist süß und sauer zugleich, es prickelt auf der Zunge. Die Dosenananas dagegen ist mit Zucker gesüßt, und sicher werdet ihr schnell feststellen, dass sie eigentlich nur noch süß schmeckt, ein bisschen fad auch und womöglich sogar leicht nach Metall. Das Gleiche gilt für Mandarinen aus der Dose. Dosenfrüchte sind eigentlich immer viel zu stark gesüßt, lasst lieber die Finger davon. Früchte pur sind nicht nur gesünder, sie schmecken auch interessanter.

Die Honigmelone sollte schön reif sein, dann schmeckt sie saftig und hat eine ganz eigene Süße. Wenn ihr danach puren Zucker probiert, merkt ihr, dass er im Grunde langweilig ist, nämlich nur süß. Der Honig dagegen hat schon mehr Aroma, vor allem der Waldhonig. Probiert das Ketchup. Lest auch das Kleingedruckte auf der Ketchupflasche: Es ist tatsächlich Zucker darin! Und zum Schluss noch etwas Besonderes: Bestreut die frischen Erdbeeren mit schwarzem Pfeffer, am besten frisch aus der Pfeffermühle. Was schmeckt ihr? Vergleicht eine Erdbeere mit Pfeffer mit einer ohne: Wie unterscheiden sie sich, welche schmeckt süßer?

Nach viel Süßem bekommt ihr sicher Hunger auf etwas Salziges – das ist ganz normal. Der Körper steuert gegen allzu viel Süßes an, weil er das nicht verträgt. Achtet mal auf Fertigprodukte und lest auf der Packung nach, was da so alles drin ist. Sicher werdet ihr erstaunt sein, wo ihr überall Zucker findet, sogar in manchen Wurstsorten. Beim nächsten Einkauf werdet ihr zu Zuckerdetektiven: Checkt den ganzen Einkaufskorb nach Zucker ab!

Madeleines

Zutaten für etwa 20 Stück:

3 Eier
170 g Zucker
1 Tüte Vanillezucker (4g)
1 EL Honig
210 g Mehl
1 Päckchen Trockenhefe (4g)
170 g zerlassene Butter

Außerdem:

Madeleine-Förmchen (oder ein Formblech)
Butter und Mehl für die Förmchen

1) Den Ofen auf 200 °C vorheizen.

2) Die Eier in eine Schüssel aufschlagen, den Zucker, Vanillezucker und Honig dazugeben und das Ganze energisch mit einem Rührgerät schaumig schlagen.

3) Das gesiebte Mehl sowie die Trockenhefe dazugeben und vermengen. Den Teig für 1 Stunde kühl stellen. Danach die Butter einarbeiten, bis ein geschmeidiger Teig entsteht.

4) Die Förmchen ausbuttern, mehlieren und mit der Teigmasse füllen. Madeleines für etwa 12 Minuten in den Ofen schieben.

Tipp:
Sie können die Madeleines mit Zitronenglasur bestreichen, nur mit Puderzucker bestäuben oder in Honig tauchen.

mai

Wenn Väter kochen

Nun ist es draußen oft schon richtig warm, und man kann wieder mehr Zeit im Freien verbringen. Mittlerweile sind viele Freilandgemüse im Angebot, allen voran der Spargel, dessen Saison im Mai beginnt. Der Mai hat einige Feiertage, den 1. Mai, Christi Himmelfahrt und den Muttertag, der am zweiten Sonntag im Mai begangen wird. Am Muttertag sind die Väter gefordert – wenn sie nicht ohnehin schon beim gemeinsamen Kochen dabei waren, ist jetzt die Gelegenheit, zusammen mit den Kindern etwas Besonderes vorzubereiten. Einen Kuchen, vielleicht aber auch ein ganzes Menü. Erfreulicherweise interessieren sich neuerdings mehr Männer fürs Kochen. Doch die meisten Väter kochen im Alltag leider immer noch eher selten. Das mag daran liegen, dass sich an der herkömmlichen Rollenaufteilung wenig geändert hat, selbst dann, wenn die Frau berufstätig ist. Dabei ist gerade das Kochen mit Kindern etwas, was Väter mit ihren Kindern verbindet. Wenn es dann noch eine Überraschung für die Mama ist, umso besser.

Nehmen Sie sich für den Anfang nicht zu viel vor. Neben dem Muttertagsherz können das fertig gekaufte Taco-Shells sein, die leicht zu füllen sind (siehe Rezept Seite 102), auch die Quiche Lorraine (siehe Seite 36) ist ein Rezept, das einfach ist und garantiert gelingt. Wenn Sie sich als Vater zu einer Koch-Session mit Ihren Kindern entscheiden, gehen Sie am besten vorher auch gemeinsam mit Ihren Kindern einkaufen. Dabei können die Kinder weitergeben, was sie bei Professor Pfefferkorn in den Geschmackslabors im Buch lernen. Kinder verblüffen ihre Väter gern mit frisch erworbenem Wissen.

Geben Sie Ihren Kindern nie das Gefühl, dass Kochen eine Angelegenheit für Frauen ist, und schon gar nicht, dass es gleich nach ungeliebten Hausarbeiten wie Staubsaugen kommt, vor denen man sich lieber drückt. Die Tatsache, dass das Kochen heute weitgehend aus dem Familienleben verschwunden ist, hat wesentlich damit zu tun, dass die Väter sich verweigern. Sicherlich haben die populären Kochsendungen im Fernsehen dazu beigetragen, das Kochen aufzuwerten, doch wenn Männer kochen, dann meist für Gäste, und dann sollen höchste Ansprüche erfüllt werden. Der Alltag sieht anders aus. Doch das kann man ändern. Wenn Väter erst einmal begonnen haben, zusammen mit ihren Kindern für besondere Anlässe zu kochen, lassen sich einzelne Gerichte auch auf den Alltag übertragen.

Vielleicht ergibt sich die Gelegenheit, bestimmte Rezepte zu »Väterrezepten« zu machen, die dann auch entsprechende Namen bekommen, »Nudeln alla Papa« oder »Papas Schnitzelwunder« zum Beispiel. Und damit sich das Kochen mit dem Vater zu einem festen Ritual entwickelt, könnte man an einem bestimmten Tag in der Woche oder im Monat die Küche zur »mamafreien Zone« erklären – zum Beispiel mit einem Brunch an jedem ersten Sonntag im Monat, den Vater und Kinder gemeinsam vorbereiten.

kohlrabi-Flan

Zutaten für 4 Personen:

700 g Kohlrabi (100 g Kohlrabi und zarte Blättchen für die Garnitur aufheben)
2 EL Butter
50 g Crème fraîche
50 g Sahne
Salz, frisch geriebene Muskatnuss
etwas Butter zum Ausfetten der Förmchen
1 Ei
2 Eigelbe
schwarzer Pfeffer aus der Mühle

Außerdem:

4 feuerfeste Förmchen

Tipp:
Außer Kohlrabi eignen sich auch Blumenkohl oder Karotten für den Flan. Der Kohlrabi-Flan schmeckt sowohl zu Fisch als auch zu Fleisch!

1) Den Ofen auf 160 °C vorheizen.

2) Kohlrabi schälen und 600 g davon in Würfel schneiden. 1 EL Butter zerlaufen lassen, Kohlrabiwürfel dazugeben und bei geringer Hitze im eigenen Saft weich dünsten. Crème fraîche und Sahne dazugeben, einkochen lassen und mit Salz und Muskat abschmecken. Mit dem Pürierstab fein mixen und abkühlen lassen.

3) Die Förmchen ausbuttern und kalt stellen.

4) Ei und Eigelbe verrühren, unter die abgekühlte Kohlrabimasse ziehen und in die gebutterten Förmchen füllen.

5) Die Förmchen auf ein tieferes Blech setzen, so viel heißes Wasser angießen, dass die Förmchen etwa bis zur Hälfte im Wasser stehen. Das Blech in den Ofen schieben und den Flan etwa 35 Minuten stocken lassen.

6) Für die Garnitur den restlichen Kohlrabi in kleine Würfelchen schneiden, kurz in Butter andünsten, einen kleinen Schuss Wasser dazugeben, mit Salz, Pfeffer und Muskat würzen.

7) Die Kohlrabiblättchen in feine Streifen schneiden und die Kohlrabiwürfelchen in der Pfanne damit bestreuen. Die fertigen Flans aus dem Ofen nehmen, mit der Kohlrabimischung garnieren und am besten gleich in den Förmchen servieren.

Wie ich den Bärlauch entdeckte

Als Koch kann man nicht mehr so leicht überrascht werden – denkt man. Aber auch ein Profi macht manchmal unerwartete Entdeckungen. Solch ein kulinarisches Abenteuer habe ich selbst erlebt. Es ist etwa zwanzig Jahre her, dass ich mit meiner Familie und meinem Freund Henry Levy, einem Koch aus dem bekannten Restaurant »Le Maître« in Berlin, einen Spaziergang durch den Englischen Garten in München machte. Auch mein Schäferhund Rex war dabei. Es war ein schöner Tag, die Sonne schien, und wir schlenderten über eine Wiese. Plötzlich verhielt sich Rex höchst merkwürdig. In großen Sprüngen rannte er durch das Gras, bellte laut und blieb immer wieder an einer bestimmten Stelle stehen, um aufgeregt zu schnuppern. Wir folgten ihm neugierig und hockten uns hin. Rex schnupperte an länglichen Blättern, die wie Maiglöckchengrün aussahen. **»Komisch, das riecht ganz intensiv nach Knoblauch«**, sagte ich zu meinem Freund Henry. Wir pflückten ein paar dieser seltsamen Blätter und rieben daran. Was war das nur? Weder Henry noch ich hatten eine Ahnung, was für eine Pflanze das sein mochte. Also mussten wir es herausfinden. Henry nahm einige Blätter mit nach Berlin. Dort ging er zum Botanischen Garten und ließ die Blätter von Spezialisten untersuchen.

Es stellte sich heraus, dass wir Bärlauch gefunden hatten. Bärlauch? Sofort wälzte ich alte Kochbücher und erfuhr, dass Bärlauch, in Maßen verwendet, gesund und wohlschmeckend sei. Allerdings wirklich nur in Maßen. Zu viel davon, so las ich, konnte sogar Durchfall erzeugen. Meine Neugier war aber geweckt, und sofort begann ich, mit der Pflanze zu experimentieren. Aus fein geschnittenen Blättern machte ich ein Pesto, in Abwandlung der klassischen italienischen Nudelsauce, die im Original aus gehacktem Basilikum, Olivenöl, geriebenem Pecorinokäse, zerdrückten Pinienkernen und fein gewürfeltem Knoblauch besteht. Statt des Basilikums nahm ich Bärlauch – es schmeckte sehr intensiv, aber wunderbar! Ich entdeckte, dass dieses Pesto auch hervorragend zu Lamm und Kaninchen passte. Dann experimentierte ich weiter. Ich erfand Bärlauch-Gnocchis und Bärlauchspätzle, und ich fand heraus, dass Bärlauch ein vorzügliches Gewürz zu Kartoffelsuppe ist. Aber das war nur der Anfang. Mein Bärlauch-Repertoire wurde immer umfangreicher. Als wichtig jedoch erwies sich die Dosierung, denn ein zu reichlicher Gebrauch ließ den Bärlauchgeschmack penetrant wirken – von den gesundheitlichen Folgen ganz zu schweigen. Heute gehört Bärlauch ganz selbstverständlich zur regionalen Küche dazu. Und ich bin schon ein bisschen stolz, dass ich es war, der den Bärlauch wiederentdeckt hat, und dass es bereits in meinen ersten Kochbüchern Bärlauchrezepte gab. Was kann es für einen Koch Schöneres geben, als einen neuen Stern im Universum des Essens entdeckt zu haben?

Bärlauch-Spinat
mit Spiegelei und Speckkartoffeln

Zutaten für 4 Personen:

400 g junger Bärlauch (50 g davon beiseite legen)
300 g Blattspinat (italienischer Wurzelspinat)
2 kleine weiße milde Zwiebeln oder Frühlingszwiebeln
150 g geräuchertes Wammerl (Schweinebauch)
4 mittelgroße Kartoffeln
1 EL Butter
Salz, Muskat, Pfeffer aus der Mühle
250 ml Sahne
4 EL Butter
4 frische große Landeier
Pflanzenöl

Tipp:
Falls das Wammerl sehr salzig sein sollte, in einem Topf mit Wasser einmal aufkochen lassen. Falls der Bärlauch-Spinat zu dickflüssig ist, einfach etwas Brühe angießen.

1) Den Bärlauch einmal in kaltem Wasser waschen, trockenschütteln. Vom Blattspinat die groben Stiele entfernen und die Blätter einige Male gründlich durchwaschen, ebenfalls trockenschütteln.

2) Die Zwiebeln schälen und in feine Würfel schneiden. Das Wammerl in kleine Würfel schneiden, Knorpel und Schwarte dabei entfernen (siehe Tipp). Den beiseite gelegten Bärlauch in feine Streifen schneiden. Die Kartoffeln waschen, schälen und in kleine Würfel schneiden.

3) Die Butter hell aufschäumen lassen. Zwiebelwürfel langsam darin ohne Farbe anschwitzen, Bärlauch und Spinat beigeben und etwas dünsten lassen. Mit Salz, Muskat und Pfeffer aus der Mühle würzen. Die Sahne angießen, rasch durchköcheln lassen und mit dem Pürierstab grob mixen.

4) Die Kartoffelwürfel in Salzwasser etwa 1 Minute aufkochen lassen, in ein Sieb abgießen (nicht kalt abspülen!).

5) In einer beschichteten Pfanne 1 EL Öl erhitzen, Speckwürfel darin kross braten, aus der Pfanne nehmen und zum Abtropfen in ein Sieb schütten, das Fett dabei auffangen. Bratfett wieder zurück in die Pfanne geben, etwas Butter beigeben, hell aufschäumen lassen und die abgetropften Kartoffelwürfel dazugeben, goldgelb anbraten und mit etwas Salz und Pfeffer würzen. Zum Schluss den kross gebratenen Speck untermischen. Etwas vom Bratfett zum Bärlauch-Spinat geben.

7) In einzelnen kleinen Pfännchen Butter aufschäumen lassen, je ein Ei hineinschlagen, nur das Eiweiß mit Salz und Pfeffer bestreuen und braten.

8) Den heißen Bärlauch-Spinat in vorgewärmte tiefe Teller verteilen, darauf das Spiegelei mit der braunen Butter anrichten, die Speckkartoffeln außen herum legen und mit den Bärlauchstreifen belegen. Sofort servieren.

Spinat-Bärlauch-Spätzle

Zutaten für 4 Personen:

Für die Spätzle:

300 g Mehl (Type 405)
250 g Sauerrahm
2 Eier
4 Eigelbe
2 Prisen Salz
1 EL Olivenöl

Für den Spinat:

100 g Spinat
100 g Bärlauch (etwas für die Garnitur aufheben)
1 Zwiebel (150 g)
100 g Champignons
80 g gekochter Schinken am Stück (z.B. Prager)
200 ml Sahne
100 g Appenzeller, gerieben
Salz, schwarzer Pfeffer aus der Mühle
Muskatnuss, frisch gerieben
2 EL grob gehackte glatte Petersilie
Butter

Tipp:
Falls Sie keinen Spätzlehobel besitzen, können Sie mit einem großlöchrigen Sieb improvisieren.

1) Mehl, Sauerrahm, Eier, Eigelbe, Salz und Olivenöl verrühren und mit einem Kochlöffel so lange schlagen, bis der Teig Blasen wirft.

2) In einem großen Topf reichlich Wasser zum Kochen bringen, salzen und die Spätzle mithilfe eines Spätzlehobels rasch in das Wasser hobeln, einmal kräftig aufkochen, bis die Spätzle an der Oberfläche schwimmen. Kurz ziehen lassen und mit einem Schaumlöffel herausnehmen und in Eiswasser abschrecken. Die Spätzle in ein Sieb abgießen und gut abtropfen lassen.

3) Spinat und Bärlauch waschen und putzen, einige Bärlauchblätter zur Seite legen. Spinat und Bärlauch in kochendem Salzwasser blanchieren, eiskalt abschrecken, gut ausdrücken und grob hacken. Die Zwiebel schälen und in feine Würfel schneiden. Die Champignons kurz kalt abbrausen, trockentupfen, putzen und je nach Größe halbieren oder vierteln. Den Schinken in kleine Würfel schneiden.

4) Etwas Butter erhitzen, Zwiebeln und Champignons darin anschwitzen. In einer anderen Pfanne die Spätzle mit 2 EL Butter anbraten, Spinat, Bärlauch und Sahne zu den Spätzle geben und aufkochen lassen. Schinkenwürfel, Zwiebeln und Champignons einrühren, mit Käse bestreuen, durchschwenken und mit Salz, Pfeffer und Muskatnuss würzen.

5) Restlichen Bärlauch in feine Streifen schneiden, mit der Petersilie zu den cremigen Spätzle geben, nochmals durchschwenken und servieren.

Tagliatelle mit Morcheln und Spargel

Zutaten für 4 Personen:

Für den Spargel:

6 Stangen weißer Spargel
6 Stangen grüner Spargel
Salz, Zucker
Pfeffer aus der Mühle
2 EL Butter
400 g Tagliatelle

Für die Sauce:

30 g getrocknete Morcheln
(in je 1/4 l Milch und ein 1/4 l Wasser für einige Stunden eingeweicht)
20 g Butter
1 Schalotte
1 EL Cognac
4 cl roter Portwein
100 ml Geflügelbrühe
200 ml Sahne
40 g kalte, gesalzene Butter
Cayennepfeffer
etwas Zitronensaft
2 EL geschlagene Sahne

Tipp:
Das Einweichen der Morcheln in einer Mischung aus Milch und Wasser gibt den Pilzen einen noch feineren Geschmack. Eine besondere Delikatesse sind natürlich frische Morcheln. Dann aber bei der Zubereitung der Morchelrahmsauce nur 20 g getrocknete Morcheln verarbeiten. Etwa 100 g frische Morcheln gründlich waschen, putzen, Stiele entfernen und mit den Spargelstücken in der aufgeschäumten Butter anschwitzen. Je nach Geschmack mit frischer Petersilie oder mit frischem gehacktem Kerbel bestreuen.

1) Den weißen Spargel ganz schälen, beim grünen Spargel nur die untere Hälfte, holzige Enden bei beiden abschneiden. Einen großen Topf mit Wasser zum Kochen bringen, mit Salz und Zucker abschmecken und 1 EL Butter hineingeben. Zuerst den weißen Spargel, danach den grünen Spargel darin bissfest kochen. Jeweils mit einer Schaumkelle herausnehmen, eiskalt abschrecken, auf einem Küchentuch abtropfen lassen und schräg in mundgerechte Stücke schneiden.

2) Nudeln nach Packungsanleitung in reichlich Salzwasser kochen, danach abgießen und warm halten.

3) Die eingeweichten Morcheln in einem Sieb abtropfen lassen, die Einweichflüssigkeit dabei auffangen. Die Morcheln gründlich unter fließendem kaltem Wasser säubern, damit auch feinster Sand aus den Kammern herausgespült wird. Größere Morcheln halbieren oder vierteln.

4) Die Butter in einem Topf hellbraun aufschäumen lassen und die Morcheln darin andünsten. Die Schalottenwürfel zugeben und unter Rühren anbraten. Sobald alle Flüssigkeit verdampft ist, mit Cognac und Portwein ablöschen und erneut einkochen lassen. Die Morcheln herausnehmen, den Bratenfond mit Geflügelbrühe sowie 100 ml von der Pilz-Einweichflüssigkeit aufgießen und auf etwa ein Drittel einkochen lassen.

5) Die Sahne angießen und wiederum so lange kochen, bis die Mischung cremig gebunden ist. Die Sauce durch ein feines Sieb passieren und die Butter mit einem Pürierstab in kleinen Flöckchen unter die Sauce schlagen.

6) Die Morcheln zugeben, mit Salz, Cayennepfeffer und Zitronensaft würzen und die Schlagsahne locker unter die Sauce ziehen.

7) 1 EL Butter in einer Pfanne aufschäumen lassen, die Spargelstücke darin schwenken, leicht salzen und pfeffern. Die gekochten Nudeln mit der heißen Sauce samt Morcheln und dem Spargel auf vorgewärmten tiefen Tellern anrichten und sofort servieren.

»Grüne Geheimnisse« – Kräuter auf der Zunge

Willkommen in meinem Geschmackslabor! Wenn ihr die Rezepte anschaut, so fällt euch möglicherweise auf, dass in einigen seltsame Namen vorkommen: **Thymian** zum Beispiel und **Basilikum. Petersilie** kennt ihr sicherlich schon, die begegnet uns ja öfter. Alle diese grünen Blättchen nennt man Kräuter. Sie werden entweder frisch verwendet oder auch getrocknet.

In früheren Zeiten waren Kräuter die einzige Medizin. Man sprach ihnen wahre Wunderkräfte zu. Etwas abseits im Wald lebten die Kräuterweiblein, manchmal nannte man sie sogar Kräuterhexen, weil es vielen Menschen unheimlich war, dass diese Frauen die Gesundheit und das Wohlbefinden anderer Leute durch Kräuter beeinflussen konnten. Tagaus, tagein suchten sie Kräuter in den Wäldern oder auf Wiesen, und sie wussten genau, was man damit anstellen konnte. Auch wenn das manchem nicht geheuer war: Man brauchte das Wissen dieser Kräuterspezialistinnen – um Schmerzen zu lindern, um Erkältungen zu heilen und vieles mehr. Nicht von ungefähr sagt man noch heute: »Dagegen ist kein Kraut gewachsen.« Man meint damit, dass eine Krankheit unheilbar ist oder im übertragenen Sinne, dass man eine Sache nicht ändern kann.

Heute weiß man, dass die heilende Wirkung unter anderem von ätherischen Ölen kommt, die in Kräutern enthalten sind.

Basilikum, Salbei und Majoran
Borretsch, Oregano und Minze

Ihr seht also: Kräuter sind eine ziemlich spannende Sache. Nehmen wir mal das Basilikum, das man heute überall in Töpfen kaufen kann. Es regt die Verdauung an und beugt Blähungen vor. Aus **Salbeiblättern** macht man Tee, der gegen Erkältungen hilft. **Borretsch** soll sogar Traurigkeit vertreiben, und tatsächlich haben Forscher vor Kurzem herausgefunden, dass Borretsch einen Stoff im Blut erhöht, der Adrenalin heißt und uns sehr aktiv macht. **Majoran** war das Symbol der Liebesgöttin Aphrodite und in Griechenland legte man deshalb frisch verheirateten Paaren Girlanden aus Majoran um den Hals. Frische **Minze** wurde im Mittelalter für Liebestränke benutzt, denn man glaubte tatsächlich, dass sich ein Mann auf der Stelle verliebte, wenn eine Frau ihm einen Minztee aufbrühte!

Seid ihr bereit für einen Test? Also los:

An einem Tag, an dem ihr mit euren Eltern stressfrei einkaufen könnt, am Samstag zum Beispiel, stöbert ihr auf dem Markt oder auch in der Gemüseabteilung des Supermarkts und schaut mal, was ihr dort findet. Bestimmt ist glatte Petersilie dabei, frisches Basilikum, **Dill, Liebstöckel** und Majoran. Vielleicht auch frische Minze – keine Angst, man verliebt sich nicht automatisch, wenn man die isst!

Schaut auch mal bei den getrockneten Kräutern nach – getrocknetem **Oregano** begegnet man oft auf der Pizza, und ihr könnt zu Hause immer ein bisschen auf eure Pizza streuen, probiert es aus! Außerdem könnt ihr ausnahmsweise auf die Suche im Süßigkeitenregal gehen und so genannten »Schweizer Kräuterzucker« kaufen, das sind Bonbons gegen Erkältungen. In der Apotheke gibt es Salbei-Bonbons gegen Halsweh. Wenn ihr eine schöne Ausbeute beisammen habt, geht es nach Hause. Spült die frischen Kräuter ab und schnuppert daran. Das duftet sehr

aromatisch, vor allem die Minze riecht wie Pfefferminzkaugummi! Nun bestreicht ihr Weißbrotscheiben mit ganz wenig Butter, schneidet sie in Würfel und legt immer ein paar Kräuter darauf. Probiert mal – wie schmeckt das? Basilikum hat ein leichtes Lakritz-Aroma, Liebstöckel schmeckt schwach salzig. Beschreibt genau, was ihr schmeckt.

Nun lasst euch die Augen verbinden und kostet noch einmal – wer erkennt die meisten Kräuter? Zum Schluss könnt ihr als neue Kräuter-Feinschmecker ein Kräuterbonbon oder ein Salbei-Bonbon auf der Zunge zergehen lassen.

Frische kräuter

Ihr könnt verschiedene Sorten im Töpfchen auf der Fensterbank oder auf dem Balkon ziehen: Dort zupft ihr sie immer frisch!

Mais-Tortilla mit Chili con Carne, Guacamole und Sauerrahm

Für 4–6 Personen:

Für das Chili con Carne:

1 kg Rinderschulter
100 g Lardo (fetter italienischer Speck)
2 rote Zwiebeln (80 g)
4 kleine Knoblauchzehen
1/2 EL Kreuzkümmelsamen
1 TL Butter
2 Stück Jalapeños
500 g Red Kidney Beans (Dose)
1 grüne Paprika
1 gelbe Paprika
1 l Rinderfond
Salz, schwarzer Pfeffer aus der Mühle
2 EL Pflanzenöl
2 EL Tomatenmark
1 1/2 EL Chilipulver
200 ml Coca-Cola
600 g Pizzatomaten (Dose)
0,33 l dunkles Bier
getrockneter Majoran und Oregano, gemahlener Koriander
1 TL Worcestersauce

Für die Guacamole:

2 reife Avocados
2 Knoblauchzehen, gehackt
1 rote Chilischote, entkernt und fein geschnitten
4 EL Crème fraîche
1/2 Zitrone, Saft ausgepresst
1 Tomate, klein gewürfelt
1 weiße Zwiebel, fein gewürfelt

250 g Sauerrahm, mit Salz und Pfeffer verrührt

1) Für das Chili das Rindfleisch waschen, trockentupfen und von Knochen und Sehnen befreien. In 5 x 5 mm große Würfel schneiden. Lardo fein würfeln. Zwiebeln und Knoblauch schälen und ebenfalls fein würfeln. Kreuzkümmel mit einem Stück Butter sehr fein hacken. Jalapeños halbieren, entkernen und in feine Streifen schneiden. Kidney-Bohnen abgießen. Grüne und gelbe Paprika schälen und in kleine Würfel schneiden.

2) Rinderfond in einem großen Topf erwärmen. Rindfleischwürfel salzen und pfeffern und in einem Schmortopf in Pflanzenöl von allen Seiten gleichmäßig mit Farbe anbraten. Aus dem Topf nehmen und beiseite stellen. Lardo im Schmortopf mit den Zwiebeln, Knoblauch, Jalapeños und den grünen Paprika-Würfeln andünsten.

3) Die Rindfleischwürfel wieder hinzugeben. Tomatenmark zufügen und mit dem Chilipulver bestreuen. Alles mit Coca-Cola ablöschen, mit den Pizzatomaten auffüllen und gut vermischen. Etwas einköcheln lassen.

4) Mit dem erwärmten Rinderfond und dem dunklen Bier alle 10 Minuten aufgießen. Etwa 2 Stunden köcheln lassen, bis das Fleisch weich ist. Zum Schluss Kidney-Bohnen und die gelben Paprikawürfel unterheben und alles mit Salz, Pfeffer, Majoran, Oregano, Koriander und Worcestersauce kräftig würzen.

5) Für die Guacamole die Avocados längs halbieren, entsteinen und das Fruchtfleisch mit dem Knoblauch und der Chilischote in eine Schüssel geben. Sofort Zitronensaft und Crème fraîche zufügen. Dann die Tomaten- und Zwiebelwürfel unterheben. Mit Salz und Pfeffer abschmecken.
Mit der Guacamole und dem Sauerrahm servieren.

Tipp:
Zu diesem Chili passen gekochter Reis mit Buttermais gemischt, frisches Weißbrot oder Tortilla-Chips (Nachos). Außerdem gibt es im Handel schon fertige Taco-Shells zu kaufen. Diese nach Packungsanleitung erwärmen, mit dem Chili portionsweise füllen, mit geriebenem Käse bestreuen und im vorgeheizten Ofen bei 180 °C kurz backen, bis der Käse geschmolzen ist. Das Chili con Carne gewinnt übrigens an Geschmack, wenn es einen Tag vor dem Verzehr zubereitet wird!

Original mexikanische Mais-Tortillas

Zutaten für etwa 10 Stück:

250 g *Masa harina*
etwa 350 ml lauwarmes Wasser
2 EL Schweineschmalz
(oder 3 EL Olivenöl)

Tipp:
Masa harina ist eine spezielle Maismehlsorte, die aus enthäuteten weißen Maiskörnern hergestellt wird. Gewöhnliches Maismehl eignet sich nicht als Ersatz.

1) In einer kleinen Schüssel etwas warmes Wasser zum Befeuchten der Hände bereitstellen. Die *Masa harina* in einer großen Schüssel mit dem warmen Wasser vermischen, das Schmalz hinzufügen und mit den Händen einen glatten Teig herstellen. Den Teig zu einer Kugel formen und mit einem Tuch bedeckt 10 Minuten ruhen lassen.

2) Den Teig in 10 Portionen teilen, jede zu einer golfballgroßen Kugel formen und diese mit einem schweren Topf jeweils zwischen zwei Klarsichtfolien zu Fladen von 10–13 cm Durchmesser flach pressen.

3) Eine schwere Eisenpfanne ohne Fett erhitzen. Von den Fladen jeweils die obere Folie abziehen und sie umgekehrt auf die Handfläche stürzen. Die zweite Folie entfernen und die Tortilla vorsichtig in die heiße Pfanne legen. Auf jeder Seite etwa 20 Sekunden backen, noch einmal wenden und weitere 15 Sekunden backen. In einem Tuch eingeschlagen warm halten.

Erdbeer-Biskuit-Herz

Zutaten für eine Herzspringform (etwa 25 x 25 cm):

3 Eier, 75 g Zucker
75 g Mehl, 1 Prise Salz
abgeriebene Schale von einer 1/2 unbehandelten Zitrone
70 g Konfitüre (Aprikose oder Johannisbeere)
1 kg Erdbeeren
2 EL Puderzucker
1 Spritzer Zitronensaft
200 ml Schlagsahne
50 g gehobelte, geröstete Mandeln zum Garnieren
Butter für die Form

1) Die Herzspringform mit Butter ausfetten. Den Backofen auf 180 °C vorheizen. Die Eier mit dem Zucker in einer Rührschüssel mit dem Handrührgerät etwa 10 Minuten auf höchster Stufe schlagen, bis sich das Volumen verdoppelt hat. Mehl und Salz mischen, vorsichtig auf die Eier-Zucker-Mischung sieben, die Zitronenschale darüberreiben und alles mit einem Gummispatel behutsam unterheben.

2) Die Masse in die Form füllen und etwa 30–35 Minuten auf der unteren Schiene im Ofen backen. Den Kuchen herausnehmen und in der Form abkühlen lassen, dann auf ein Kuchengitter stürzen.

3) Das abgekühlte Biskuitherz mit einem langen Messer waagerecht durchschneiden und dünn mit Konfitüre bestreichen, die beiden Teile vorsichtig wieder zusammensetzen.

4) Die Erdbeeren waschen, Stiele entfernen. Für die Creme: 100 g Erdbeeren abwiegen, klein schneiden, mit Puderzucker und Zitronensaft verrühren, 15 Minuten stehen lassen und mit dem Pürierstab fein mixen.

5) Die Sahne steif aufschlagen und das Erdbeermark unterheben. Die Torte mit der Erdbeercreme dünn bestreichen. Den Rand ringsherum ebenfalls mit Creme bestreichen und die gerösteten Mandeln mit der flachen Hand vorsichtig andrücken. Die restlichen Erdbeeren je nach Größe halbieren oder vierteln, schön auf die Torte setzen und sofort servieren.

Tipp: Erdbeer-Tarte mit Mürbeteig

Zutaten für 2 Tarte-Formen:
200 g Mehl, 40 g Puderzucker
40 g geschälte gemahlene Mandeln
160 g weiche Butter
1 Prise Salz, Mark von 1 Vanilleschote
80 g Puderzucker
2 Eigelbe
Erdbeerkonfitüre, Sahne, Erdbeeren

Wichtig: Alle Zutaten müssen Zimmertemperatur haben! Mehl, Puderzucker und geriebene Mandeln vermengen, in der Mitte einen Kreis öffnen und die weiche Butter hineingeben. Eine Prise Salz, das Vanillemark und den restlichen Puderzucker dazugeben. Alles mit den Händen nicht zu lange vermischen. Die Eigelbe schnell einarbeiten, indem die Masse mit der Mehl-Nuss-Mischung zugedeckt und rasch mit den Handballen durchgeknetet wird. Den Vorgang 2–3 Mal wiederholen. Den Teig zu einer Kugel Formen und 30 Minuten kalt ruhen lassen. Den Backofen auf 180 °C vorheizen. Den Teig kurz durchkneten und halbieren. Die Arbeitsplatte mit Mehl bestäuben und eine Teigportion auf Größe der Form ausrollen, rund ausstechen, in die leicht gebutterte Form legen und mit der Gabel Löcher hineinstupfen. Den überschüssigen Teig zu einem Band ausrollen und damit den Rand der Form auslegen, mit den Fingern gut andrücken. Den Teig etwa 20 Minuten backen, danach auf einem Gitter auskühlen lassen. Den Boden mit Erdbeermarmelade bestreichen oder mit Sahne füllen und mit frischen Erdbeeren belegen. Zum Schluss die Früchte nach Belieben noch mit etwas warmer Erdbeerkonfitüre einpinseln und den Rand der Tarte mit Puderzucker bestäuben.

Backen

Sie kennen diese Werbespots: Man kauft eine bunte Pappschachtel, verrührt den Inhalt mit Wasser, ab in den Ofen damit, und schon stehen im Handumdrehen Muffins, Schokoladenkuchen oder Pfannkuchen auf dem Tisch. Backmischungen sind aber letztlich nur ein Fertigprodukt. Dabei ist Backen keine komplizierte Sache. Die Grundzutaten für einen Kuchenteig, Butter, Zucker, Eier und Mehl, sind leicht zu bekommen und bestens als Vorrat zu lagern. Ein selbst gebackener Kuchen ist immer ein kleines Fest. Und Sie können einen Grundteig je nach Anlass variieren, Sie können mit Vanille oder anderen Gewürzen experimentieren und fantasievolle Verzierungen mit Sahne oder Schokostreuseln erfinden.

Kinder sind von jeher fasziniert vom Kuchenbacken. Was da Schritt für Schritt entsteht, grenzt an Zauberei, und natürlich ist es besonders schön, dass man vor dem Backen den Teig naschen kann.

Man schätzt, dass vor etwa 6000 Jahren zum ersten Mal ein Brei aus gemahlenem Getreide und Wasser auf einem heißen Stein in der Sonne zum Fladenbrot erstarrte. Fortan bekam das Prinzip Methode, seither haben unzählige Funde Brotreste nachgewiesen, vor allem bei den Ägyptern und bei den Griechen. Um 4300 vor Christus gab es die ersten Öfen, bis ins Mittelalter hinein teilte sich die Dorfgemeinschaft ein Backhaus. Erst allmählich wurden Öfen auch in die Häuser gebaut, und seither begann der Siegeszug des häuslichen Backens. Wirklich selbst gemachter Kuchen schmeckt unverwechselbar. Vor allem Obstkuchen sind nicht durch Fertigprodukte zu ersetzen. Jeder hat wohl die Erinnerung an einen duftenden Apfelkuchen der Großmutter, an den ersten Erdbeerkuchen im Mai,

an die leichten Obst-Tartes der Franzosen. Es liegt bei Ihnen, einen Kuchen zu einem kulinarischen Höhepunkt zu machen. Kaufen Sie die besten Früchte, die Sie saisonal finden können. Erdbeeren müssen reif sein und aromatisch. Überhaupt ist die Qualität der Zutaten beim Backen wie beim Kochen ausschlaggebend für das Gelingen. Ersetzen Sie niemals Butter durch Margarine, und kaufen Sie Bioeier, der Geschmack wird Sie überzeugen. Bevor Sie mit dem Backen beginnen, stellen Sie alle Zutaten übersichtlich nebeneinander. Verteilen Sie Aufgaben: Eier aufschlagen, Zutaten abwiegen oder abmessen, Obst waschen. Erklären Sie den Kindern, wie wichtig es ist, Mengenangaben genau einzuhalten. Vergessen Sie auch nicht, den Kindern die Küchenhandschuhe bereitzulegen, damit sie sich nicht am heißen Ofen verbrennen. Wenn Sie auf den Geschmack gekommen sind, können Sie das Thema Backen erweitern. Selbst gemachte Brioches für das Sonntagsfrühstück, selbst gebackenes Brot, all das lässt Kinder die Sache mit ganz neuen Augen sehen.

Selbst gemacht ist es am besten!
Brot, Kuchen, Kartoffeln ...

Übrigens gibt es eine ganze Reihe Rezepte »nach Bäckerart«, die aus dem Ofen kommen, nicht nur Brot und Kuchen. Probieren Sie einmal »Bäckerkartoffeln«: Dafür werden geschälte Kartoffeln in nicht zu dünne Scheiben geschnitten und mit Zwiebelscheiben auf dem Backblech verteilt. Gießen Sie Fleischbrühe an und pfeffern und salzen Sie die Mischung, wenn Sie möchten, streuen Sie noch etwas frischen, fein gehackten Rosmarin darüber. Dann kommt das Blech in den vorgeheizten Ofen. Lassen Sie die Kartoffeln garen, bis die Brühe verdampft ist, und lassen Sie sie danach noch etwas anbraten. Ein ebenso einfaches wie köstliches Gericht!

Juni

Wochenend' und Sonnenschein – ein Picknick im Grünen

Endlich Sommer – das Leben findet wieder draußen statt! Machen Sie am Wochenende eine Fahrradtour ins Grüne oder fahren Sie zu einem Badesee. Was Sie dabeihaben sollten, ist ein Picknickkorb. Die frische Luft und die Bewegung machen hungrig, und Essen im Freien ist eine willkommene Abwechslung.

Verabreden Sie sich mit Freunden im Park oder am Waldrand, besprechen Sie, was jeder zu essen mitbringt, damit Sie eine möglichst vielfältige Auswahl haben. So eine improvisierte Open-Air-Party macht allen Spaß! Sie brauchen keinen perfekten Picknickkoffer. Es reicht, wenn Sie eine große, gut waschbare Decke dabeihaben, ein paar Teller, Gläser oder Becher und Servietten. Nehmen Sie zu trinken möglichst nur Mineralwasser oder ungesüßten Tee mit, süße Säfte locken Wespen an. Das Essen sollte weitgehend mit der Hand zu essen sein – Sie finden auch im Februar-Kapitel einige Anregungen für unkompliziertes Fingerfood. Unbedingt dabei sein sollten Obst und Gemüse, bevorzugt Gurke und Melone, die wegen des hohen Wassergehalts exzellente Durstlöscher sind und außerdem viele Mineralien enthalten, die beim Schwitzen dem Körper entzogen wurden.

Auch Kindergeburtstage lassen sich, sofern das Wetter mitspielt, im Park oder auf einer Wiese im Wald feiern. Wenn Sie die Transportmöglichkeit haben, nehmen Sie einen Tapeziertisch mit, damit das Essen nicht aus Versehen im Gras landet. Dekorieren Sie den Tisch nicht mit Accessoires aus Papier oder Plastik, die hinterher die Müllberge vergrößern, sondern lieber mit schönen Blättern und Gräsern, dazu ein paar selbst gepflückte Blumen, und fertig ist eine wunderbare Tischdekoration.

Bei der Vorbereitung zu Hause sollten Sie alles in gut verschließbare Behältnisse verpacken, damit nichts ausläuft. Denken Sie bei der Auswahl des Essens daran, ob die Speisen gekühlt werden müssen, und besorgen Sie sich am besten eine Kühltasche mit Eis-Akkus, wenn Sie wärmeempfindliche Lebensmittel, beispielsweise Milchprodukte, mitnehmen wollen.

Zum Schutz vor Sonne und Mücken packen Sie am besten Sonnenschutzmittel und Mückenspray ein, auch etwas Pflaster sollten Sie dabeihaben, denn beim Spielen und Barfußlaufen kann man sich schon mal eine Schramme holen. Nehmen Sie einen Ball mit und machen Sie mit Ihren Kindern Spiele, bei denen sie die Natur erkunden können. Lassen Sie sie zum Beispiel lauter rote Sachen pflücken oder Pflanzen, die mit einem bestimmten Buchstaben beginnen. Lassen Sie sie zählen, wie viele verschiedene Pflanzen und Lebewesen sie auf einem

Stück Wiese von ungefähr einem Quadratmeter finden. Besonders entdeckungsfreudige Kinder freuen sich über eine mitgebrachte Lupe und ein Schraubglas, mit denen sie sich als Hobbyforscher betätigen können.
Und wenn Sie einem verregneten Nachmittag eine sommerliche Note geben möchten, veranstalten Sie ein Picknick in der Küche, mit einer Decke und Kissen auf dem Boden. Oder essen Sie mit Ihren Kindern einmal mit Stäbchen.
Alles, was die Routine durchbricht, wirkt sich positiv auf den Zugang zum Essen aus und lässt es in neuem Licht erscheinen.

Tortilla

mit Kartoffeln, Zwiebeln und Chorizo

Zutaten für 4–6 Personen:

600 g Kartoffeln
250 g weiße Zwiebeln
Olivenöl
2 Knoblauchzehen in der Schale
1 Thymianzweig
Salz, weißer Pfeffer aus der Mühle
6 große Landeier
8 Scheiben Chorizo

Für den Salat:

1/2 Bund Rucola
8 Kirschtomaten
1 Frühlingszwiebel
1 Knoblauchzehe
Salz, Pfeffer, Olivenöl
einigen Spritzer Balsamico-Essig
einige Basilikumblätter

1) Die Kartoffeln und die Zwiebeln schälen und in etwa 1 cm große Würfel schneiden.

2) Zuerst die Zwiebeln, dann die Kartoffeln bei mittlerer Hitze im Olivenöl schwimmend anbraten. Die Knoblauchzehen und den Thymianzweig dazugeben und das Gemüse etwa 10 Minuten weich garen, ohne Farbe nehmen zu lassen. Dann mithilfe einer Schaumkelle aus dem Öl nehmen und zum Abfetten auf Küchenpapier verteilen. Mit Salz und Pfeffer aus der Mühle bestreuen. Knoblauch und Thymian entfernen.

3) Die Eier aufschlagen, verquirlen, salzen. Die Kartoffel-Zwiebel-Mischung in die Eiermasse geben. Erneut etwas Olivenöl in der Pfanne erhitzen, die Eiermasse hineingeben und gleichmäßig verteilen. Bei schwacher Hitze etwa 5 Minuten stocken lassen. Den Deckel auflegen und die Tortilla hellbraun backen. Ab und zu an der Pfanne rütteln und bei Bedarf noch etwas Olivenöl beigeben.

4) Einen großen flachen Teller mit etwas Olivenöl einreiben. Zum Wenden die feste, aber noch saftige Tortilla aus der Pfanne auf den Teller stürzen.

5) Die Tortilla von dort vorsichtig zurück in die Pfanne gleiten lassen und von der anderen Seite ebenfalls goldbraun braten. Die fertige Tortilla auf einer Platte etwas abkühlen lassen.

6) Die Chorizo-Scheiben in einer beschichteten Pfanne kross braten, auf Küchenpapier abfetten lassen.

7) Für den Salat Rucola waschen, putzen und abtropfen lassen. Kirschtomaten waschen und halbieren, die Frühlingszwiebel in Ringe schneiden, den Knoblauch in feinste Scheiben schneiden. Alle Zutaten in eine Schüssel geben, mit Salz, Pfeffer, Olivenöl und Balsamico-Essig mischen.

8) Die Tortilla vorsichtig auf einen großen Teller stürzen und wie eine Torte anschneiden. Je ein Stück auf einem Teller mit etwas Rucolasalat, Chorizo und Basilikum anrichten.

Mediterraner Kartoffelsalat

Zutaten für 6 Personen:

500 g Salatkartoffeln (mittelgroß)
4 aromatische Tomaten
Salz, schwarzer Pfeffer aus der Mühle
Zucker
100 ml Olivenöl
Zitronensaft
1 mittelgroße Zucchini
2 Stangen Staudensellerie
(das Herz bzw. die zarten gelben Blätter aufheben zum Garnieren)
4 Schalotten
4 runde Frühlingszwiebeln
2 Knoblauchzehen
6 EL feinster Rotweinessig
1/4 l Gemüsebrühe
1 TL Dijon-Senf
8 grüne Oliven
8 kleine schwarze Oliven
1–2 EL feine kleine Kapern
Je 1/2 Bund Rucola und Basilikum, gewaschen und gehackt

Tipp:
Ich persönlich liebe gekochte Dicke Bohnen dazu. Sehr gut passen auch gegrillter Thunfisch oder Lammkoteletts. Das Gemüse kann nach Saison auch variiert werden.

1) Die Kartoffeln waschen und in reichlich Salzwasser kochen.

2) Den Strunk der Tomaten entfernen, diese überbrühen, kalt abschrecken, enthäuten, vierteln und die Viertel in etwa 1/2 cm dicke Streifen schneiden. Mit Salz, Pfeffer, einer Prise Zucker, Olivenöl und etwas Zitronensaft beträufeln.

3) Die gewaschene Zucchini in 3 mm dünne Scheiben schneiden, kurz auf beiden Seiten in Olivenöl anbraten, salzen, pfeffern und auf Küchenpapier legen.

4) Die Selleriestangen waschen, putzen (die Fäden entfernen) und in Scheiben schneiden. Frühlingszwiebeln waschen, das dunkle Grün entfernen und den hellen Teil schräg in feine Ringe schneiden.

5) Die Schalotten und den Knoblauch schälen und fein hacken. Das Olivenöl erhitzen, Knoblauch und Schalotten darin glasig anschwitzen, mit dem Rotweinessig ablöschen. Die Brühe angießen und aufkochen, etwa 5 Minuten köcheln lassen. Kräftig mit Salz und schwarzem Pfeffer aus der Mühle abschmecken, Senf dazugeben und verrühren. In eine Salatschüssel umfüllen.

7) Die warmen Kartoffeln schälen und in gleichmäßige, dünne Scheiben schneiden. In die heiße Brühe geben (die Scheiben sollten ganz bleiben).

8) Nun alle übrigen Zutaten beigeben (etwas Rucola und Basilikum zurückbehalten), sachte vermischen und das Ganze ungefähr 20 Minuten ziehen lassen. Nochmals mit Salz, Pfeffer, Essig und Olivenöl abschmecken. Zum Servieren den Kartoffelsalat in eine flache Porzellanschüssel geben, mit Rucola, Basilikum und den jungen Sellerieblättern garnieren.

Fleischpflanzerl

Die ganze Familie liebt diese Fleischpflanzerl – ein Leibgericht meines Vaters.

Zutaten für 4 Personen:

150 g Kalbfleisch
250 g Schweinefleisch
50 g gekochter Schinken
50 g Schinkenspeck
100 g Weißbrot vom Vortag (oder Semmeln)
1/8 l Milch
1 Bund glatte Petersilie
100 g Zwiebeln
1 Knoblauchzehe
1 EL Olivenöl
2 Eier
1 Msp. scharfer Senf
Salz, schwarzer Pfeffer aus der Mühle
frisch geriebene Muskatnuss
1 gute Prise Majoran
Öl und Butter zum Braten

1) Kalb- und Schweinefleisch, das vollkommen frei von Fett und Sehnen sein sollte, mit dem Schinken und dem Speck durch den Fleischwolf drehen.

2) Das Brot in dünne Scheiben schneiden. Die Milch erwärmen. Das Brot mit der warmen Milch übergießen und durchziehen lassen.

3) Die Petersilie waschen, trockenschütteln und fein hacken Die Zwiebeln in feine Streifen schneiden, Knoblauch würfeln. Beides zusammen in etwas Olivenöl in einem Topf anbraten. Petersilie unter die Zwiebeln rühren und einen Moment mitanschwitzen. Kurz abkühlen lassen.

4) Das durchgedrehte Fleisch mit dem weichen Brot, den angedünsteten Zwiebeln sowie den beiden Eiern und dem Senf vermischen. Kräftig salzen und pfeffern, mit Muskatnuss und Majoran würzen.

5) Mit den Händen nicht zu große Pflanzerl aus der Fleischmasse formen. In einer Mischung aus Öl und Butter bei mittlerer Hitze schön braun und knusprig braten.

Tipp:
Diese Pflanzerl schmecken auch kalt.

Wie man woanders isst und warum Tischsitten wichtig sind

Freude und Genuss erleben: Kultur am Tisch.

Gute Tischsitten gehören einfach zu einem guten Essen dazu. Manieren sind angesagt! Das ist schon eine Frage der Höflichkeit und des Respekts. Niemand wird ernsthaft behaupten, dass es ein schöner Anblick ist, wenn jemand quer über dem Tisch hängt und alles achtlos in sich hineinlöffelt.

Manchmal, wenn ich mit Kindern über Tischsitten spreche, sind sie verblüfft, dass unsere Benimmregeln anderswo völlig unbekannt sind und dort eventuell ganz andere Regeln gelten. Unsere Tischregeln sind ja verhältnismäßig jung: Noch im Mittelalter gab es in bäuerlichen Familien oft nur eine große Holzschüssel und einen einzigen Löffel, der die Runde machte. Den Mund wischte man sich am Ärmel ab, und in feineren Häusern, wo der Tisch üppiger gedeckt war, schnäuzte man sich ins Tischtuch. Statt Tellern gab es einfache Holzplatten oder eine Scheibe Brot als Unterlage, die man am Schluss aufaß. Schmatzen und Rülpsen waren Komplimente an die Gastgeber, denen man auf diese Weise zeigte, dass es geschmeckt hatte. Auf meinen Reisen um dieWelt lernte ich Sitten und Gebräuche rund ums Essen kennen, die für Europäer erst einmal ziemlich gewöhnungsbedürftig sind.

In China zum Beispiel erlebte ich, dass Knochen und Gräten einfach auf den Boden geworfen wurden. Wenn man später ging, knackte es unter den Schuhen. Und die Stäbchen sind eine Herausforderung: Versuchen Sie mal, zusammen mit Ihren Kindern, mit Stäbchen zu essen, da ist jeder Bissen ein Sieg über die Tücke des Objekts. Es dauert zwar anfangs länger, aber es macht viel mehr Spaß, als alles in Windeseile in sich hineinzuschaufeln. Im Orient isst man auch heute noch oft auf dem Boden, auf dem ein großes Tuch ausgebreitet wird. Jeder reißt sich kleine Stücke von einem Fladenbrot ab und greift damit nach all den Leckereien, die auf Platten und in verschiedenen Schalen liebevoll angerichtet sind. Dabei darf allerdings nur die rechte Hand benutzt werden, denn die linke gilt im Orient als unrein.

Alles also relativ? Ich finde nicht. Erschreckend ist, dass Kinder bei uns heute oft nicht mehr richtig mit Messer und Gabel essen können, weil sie gewohnt sind, mit der Hand zu essen: im Gehen, im Stehen, im Auto. In vielen Familien ist das Essen bloße Nahrungsaufnahme, die nebenbei abläuft. Umso dringlicher ist es, Kinder zurück an den Tisch zu bringen. Nur so können sie eine respektvolle Haltung gegenüber dem Essen entwickeln, Freude und Genuss erleben. Mit Dressur hat das nichts zu tun. Aber sehr viel mit Kultur.

»Coole Zeiten« – Der große Eistest

... eiskalte Zungen für echte Eis-Feinschmecker

Ich sehe schon eure Gesichter vor mir: Hmm, Eistest! Das klingt in der Tat weniger nach Wissenschaft als nach Genuss. Und genau darum geht es hier auch: um den Genuss!

Jetzt im Sommer hat Eis Hochsaison. An jeder Ecke sieht man die Eisfähnchen. Habt ihr eigentlich schon mal Eis selbst gemacht? Es ist wirklich ganz einfach.

Eis gibt es schon länger, als man denkt. Als Marco Polo, der berühmte Entdecker, nach China kam, stellte er staunend fest, dass man dort Eis isst – es soll dort schon vor 5000 Jahren erfunden worden sein. Die alten Griechen holten sich Gletschereis von den Bergen und mischten es mit Honig und Früchten. Und vom römischen Kaiser Nero ist überliefert, er sei ganz verrückt nach Eis gewesen.

Für den Eistest braucht ihr die Hilfe eurer Eltern. Denn wir wollen ein paar Eissorten probieren, damit ihr »auf den Geschmack kommt«. Eis wächst ja nicht in der Tiefkühltruhe, sondern wird von Firmen hergestellt. Meist ist jede Menge Zucker darin, oft auch künstliche Aromastoffe, die einen ganzen Chemiebaukasten bestücken könnten. Keine besonders appetitliche Vorstellung.

Für den Eistest braucht ihr erst einmal kleine Plastikformen, in die man einen Stiel stecken kann, auch sauber ausgewaschene kleine Joghurtbecher könnt ihr benutzen. Dann seid ihr dran: Überlegt mal, was ihr alles einfrieren wollt. Apfelsaft zum Beispiel ist die einfachste Methode für ein erfrischendes Eis, Joghurt mit pürierten Erdbeeren schmeckt gefroren gut, und Sorbets bestehen nur aus püriertem Obst mit Wasser und ein bisschen Zucker. Dies ist ein Test für einen faulen Sommertag, am besten an einem Wochenende, wo ihr und eure Eltern Zeit habt. Wenn ihr morgens alles vorbereitet, könnt ihr am Spätnachmittag schon probieren. Als Gegenprobe besorgt zwei fertig gekaufte Eissorten, passend zu euren eigenen Rezepten. Vergleicht zum Beispiel ein gekauftes Himbeereis mit eurem selbst gemachten Eis. Ich garantiere euch: Hinterher habt ihr eiskalte Zungen, aber ihr seid echte Eis-Feinschmecker geworden.

Burger de Luxe: »Mein Burger«

Zutaten für 4 Stück:

400 g Hochrippe vom Rind
4 Hamburgerbrötchen
40 g weiche Butter
3 EL Öl zum Braten
4 EL Mayonnaise
2 TL Meerrettich (aus dem Glas)
2 große Tomaten
1 mittelgroße rote Zwiebel
4 große Salatblätter (Eissalat)
2 Gewürzgurken
Ketchup
Salz und Pfeffer aus der Mühle

1) Mayonnaise und Meerrettich verrühren. Die Tomate waschen und in Scheiben schneiden. Die rote Zwiebel schälen und in dünne Ringe schneiden, die Salatblätter waschen und trockentupfen. Die Gewürzgurke in Scheiben schneiden.

2) Die Hochrippe in grobe Stücke schneiden und durch den Fleischwolf drehen (mittlere Scheibe) und das Fleisch locker rund abdrehen. Bitte nicht drücken oder kneten!

3) Das Öl in einer Pfanne erhitzen, Fleisch einlegen, erst jetzt salzen und pfeffern und von beiden Seiten anbraten.

4) Das Brötchen halbieren und beide Hälften auf der Innenseite mit der weichen Butter bestreichen. In einer beschichteten Pfanne mit der gebutterten Seite nach unten goldgelb anbraten (oder im Sommer natürlich auf den Grill legen).

5) Die Burger mit den vorbereiteten Zutaten belegen und mit der Meerrettichmayonnaise und dem Ketchup servieren.

Tipp: selbst gemachtes Ketchup (Zutaten für 500 ml)
1 kg fleischige Tomaten, gewürfelt
100 g Zwiebeln, gehackt
100 g rote Peperoni, gehackt
2 Knoblauchzehen, gepresst
je 1 TL Salz, brauner und weißer Zucker
je 1 TL Senf-, Pimentpfeffer-, Pfeffer- und Korianderkörner
100–200 ml Obstessig, je nach Geschmack
4 Nelken
1 kleine Pfefferschote
1 kleine Zimtstange
1 Lorbeerblatt

Alle Zutaten etwa 30 Minuten auf kleiner Hitze zugedeckt köcheln lassen. Die Zimtstange und das Lorbeerblatt entfernen. Die Tomatensauce durch ein Sieb passieren und nochmals einkochen, bis die Sauce dickflüssig ist. Heiß in saubere Gläser mit Drehverschluss (nur bis ca. 0,5 cm unter den Rand) füllen und sofort verschließen. Die Gläser in einen Topf stellen und so viel Wasser angießen, dass es bis unterhalb der Gläserdeckel steht. Das Ketchup knapp unter dem Siedepunkt etwa 30 Minuten erhitzen. Nach dem Auskühlen kühl und dunkel lagern. Das hausgemachte Ketchup hält sich etwa 2 Monate bei optimaler Lagerung. Einmal geöffnet, sollte man es im Kühlschrank aufbewahren und rasch aufessen!

Heidelbeer-Muffins

Für etwa 16 Stück:

125 g Heidelbeeren
315 g Mehl
155 g Zucker
2 1/2 TL Backpulver
1/4 TL Backsoda
1/2 TL Salz
1 TL Zimt, gemahlen
250 ml Milch
125 g Butter, geschmolzen
2 Eier

125 g Staubzucker
2 EL Zitronensaft
2 TL Zitronenzesten von einer unbehandelten Zitrone
1 Prise Salz

Tipp:
Die Muffins nach Belieben mit Schokotropfen, Gummibärchen, Nüssen oder Liebesperlen verzieren.

1) Den Ofen auf 180 °C vorheizen. Heidelbeeren verlesen, waschen und abtropfen lassen. Muffinformen ausbuttern.

2) Mehl, Zucker, Backpulver, Backsoda, Salz und Zimt vermischen.

3) Milch, geschmolzene Butter und Eier verrühren. Die Mehlmischung dazugeben und rasch zu einem glatten Teig vermengen. Die Heidelbeeren vorsichtig unterheben.

4) Die Muffinformen dreiviertelhoch füllen und im Ofen für 15–20 Minuten backen. (Nadelprobe machen: Mit einem Holzspieß hineinstechen, wenn keine Krümel mehr daran hängen bleiben, sind die Muffins fertig.)

5) Die Muffins nach dem Backen etwa 5 Minuten stehen lassen und dann aus der Form nehmen.

6) Staubzucker, Zitronensaft und Zitronenzesten mit einer Prise Salz glatt verrühren (sollte die Glasur zu dick sein, einfach ein paar Tropfen Zitronensaft beigeben). Die noch warmen Muffins damit glasieren.

Früchte

Ab Juni sind die Märkte voll mit frischem Obst, man kann fast alles bekommen: Kirschen, Erdbeeren, Pfirsiche, Melonen. Wechseln Sie bewusst die Obstsorten ab, um die Vielfalt auszukosten. Wenn Sie öfter zu bestimmten Marktständen oder in bestimmte Gemüseläden gehen, lässt man Sie als Stammkunden bestimmt probieren, denn es gibt große Qualitätsunterschiede, und manchmal sind die Früchte noch nicht richtig reif. Dann schmecken sie nicht nur fade, sie enthalten auch deutlich weniger der wertvollen Inhaltsstoffe; ein unreifer Apfel zum Beispiel enthält deutlich weniger Vitamin C als ein reifer.

Obst gehört zu den gesündesten Genüssen. Es enthält kaum Fett und Eiweiß, daher beschwert es nicht den Organismus. Eine Vielzahl von Vitaminen, Mineralien, Enzymen und sekundären Pflanzenstoffen verwandeln es dafür in wertvolle Energielieferanten – mehr über die gesunden Aspekte erfahren Sie im November-Kapitel.

Die Deutsche Gesellschaft für Ernährung hat als Richtwert ausgegeben, dass man neben einer Portion Gemüse von etwa 200 Gramm pro Tag zwei Portionen Obst essen sollte, ungefähr 400 bis 500 Gramm. In der Realität wird das selten eingelöst. Dabei ist Obst ohne weitere Zubereitung genießbar und kann problemlos in die Schule oder zur Arbeit mitgenommen werden. Aber natürlich sollte man das Obst nicht nur als essbare Hausapotheke betrachten. An oberster Stelle steht der sinnliche Genuss, die Freude an der Konsistenz und am Aroma sowie an den leuchtenden Farben.

Beim Einkauf finden Sie im Allgemeinen drei Handelsklassen vor: Extra, I und II. Das betrifft vor allem sortentypische Eigenschaften, die Unversehrtheit und dass keine Schädlinge enthalten sind. Mehr als eine grobe Orientierung bedeutet das allerdings nicht, wenn es um Geschmack und Belastungen durch Düngemittel und Pestizide geht.

Drei Kriterien sind für den Einkauf wirklich wichtig: Der Geschmack, die Inhaltsstoffe und das Vermeiden von chemischen Zusatzstoffen. Den Geschmack werden Sie nur durch Probieren testen können. Die Inhaltsstoffe sind dann reichlich vorhanden, wenn das Obst weder lange transportiert noch falsch gelagert wurde. Ist das Obst zu lange unterwegs gewesen, bevor Sie es kaufen, haben sich Zucker, Säuren, Vitamine und Aromastoffe bereits deutlich abgebaut. Deshalb sollten Sie vorzugsweise auf dem Markt kaufen und darauf achten, dass das Obst möglichst aus der Umgebung kommt. Leider haben viele Früchte durch konzentrierten Anbau und lange Transportwege oft ihr typisches Aroma verloren.

Kinder lernen heute allzu oft den Obstgeschmack nur durch künstliche Aromen kennen. Die Fruchtzubereitungen der Joghurts, Fruchtbonbons oder denaturierten Säfte enthalten eine Vielzahl Aromastoffe, die den eigentlichen Geschmack nur imitieren, aber dies besonders intensiv tun. Tests mit Kindern haben erwiesen, dass viele deshalb einen industriellen Erdbeerjoghurt frischen Erdbeeren vorziehen – sie favorisieren schlicht den stärkeren Geschmack. Dies bedeutet eine dramatische Abstumpfung des Unterscheidungsvermögens und führt dazu, auf Dauer denaturierte Lebensmittel mit künstlichen Aromen und Geschmacksverstärkern zu bevorzugen. Dabei ist etwa ein Himbeer Eis wirklich im Handumdrehen selbst gemacht.

Wenn Sie mit Ihren Kindern Früchte entdecken, dann trauen Sie sich auch mal ungewöhnliche Dinge zu. Wir haben ja mittlerweile eine Cross-over-Küche mit den unterschiedlichsten Einflüssen, und von anderen Kulturen lernen wir, dass Früchte nicht nur roh, als Kompott oder als Kuchenbelag schmecken, sondern dass sich mit ihnen auch sehr gut in Kombination mit Fleisch und Fisch kochen lässt (siehe das Rezept »Seezunge Véronique« auf Seite 192). Eine selbst gemachte Kirschsauce (siehe Rezept auf Seite 124) schmeckt nicht nur zu Waffeln, sondern auch wunderbar zu Couscous. Und als Beilage zu einem Hühnchen passt das Kompott aus Aprikosen, Zwetschgen und Äpfeln mit Sternanis und Vanille ganz hervorragend (siehe Rezept auf Seite 179).

Buttermilchwaffeln mit Kirschsauce

Zutaten für etwa 10 Waffeln:

Für den Teig:

100 g Mehl (Type 550)
150 ml Buttermilch
2 Eigelbe (40 g)
1 Prise gemahlener Zimt
Mark von 1/2 Vanilleschote
abgeriebene Schale von
1/2 unbehandelten Zitrone
30 g flüssige, warme Butter
3 Eiweiße (90 g)
1 Prise Salz
30 g Zucker
geklärte Butter oder Butterschmalz für
das Waffeleisen

Für die Kirschsauce:

250 g Kirschen, frisch oder aus dem
Glas, 400 ml Kirschsaft
100 g Zucker
1/2 Vanilleschote
1/3 Zimtstange
etwa 1/4 TL Kartoffelstärke, wenn nötig
zum Abbinden

250 ml Sahne
30 g Vanillezucker
40 g Puderzucker zum Bestäuben

Tipp:
Die Kirschsauce kann statt nur mit Kirschsaft mit 200 ml Rotwein oder 200 ml rotem Portwein zubereitet werden.

1) Für die Waffeln das Mehl in eine Schüssel sieben. Die Buttermilch und die Eigelbe unterrühren. Gewürze, Vanillemark, Zitronenschale und die Butter dazugießen und das Ganze zu einem glatten Teig verrühren. Den Backofen auf 120 °C vorheizen.

2) Die Eiweiße mit Salz und 10 g Zucker langsam auf mittlerer Stufe zu steifem Schnee schlagen und nach und nach den restlichen Zucker einrieseln lassen. Zum Schluss auf höchster Stufe weiterschlagen, damit der Schnee noch an Volumen zunimmt. Zuerst nur ein Drittel des Eischnees unter die Buttermilchmasse rühren, dann den Rest locker und gleichmäßig unterziehen.

3) Das Waffeleisen vorheizen und mit Butterschmalz leicht einfetten. Einige Esslöffel Teig in die Mitte geben und das Eisen schließen. Die Waffel bei mittlerer Hitze ausbacken. Herausnehmen und auf einem Kuchengitter im Ofen nebeneinander liegend warm halten. Auf diese Weise alle Waffeln backen.

4) Für die Kirschsauce: Die Kirschen waschen, abtropfen lassen, entsteinen, Saft dabei auffangen und anschließend halbieren. Den Zucker hell karamellisieren lassen und mit so viel Saft aufgießen, dass man 400 ml Flüssigkeit erhält. 100 g Kirschen hinzufügen. Mit dem Kirschsaft ablöschen, Vanilleschote und Zimtstange hinzufügen und die Kirschen 5–10 Minuten weich kochen. Die Vanilleschote und Zimtstange entfernen, die Kirschsauce durch ein Sieb passieren. Restliche Kirschen in die Sauce geben und gar ziehen lassen. Wenn nötig, etwas Stärke und Wasser vermischen, umrühren und abbinden.

5) Zum Anrichten die Sahne mit dem Vanillezucker halbsteif schlagen und einen Klecks neben die Waffeln geben. Mit Puderzucker bestreuen und die Kirschsauce separat reichen.

Juli

Ausflug nach Italien – oder: Nudeln machen glücklich!

Jenseits der Alpen liegt das kulinarische Paradies aller Kinder: Italien, das Mutterland der Pasta, die Wiege einer Küche, die leicht und unkompliziert ist und doch so vielfältig verfeinert werden kann.
Nudeln sind Glücklichmacher: Sie stehen ganz oben auf der kulinarischen Hitliste von Kindern. So fällt es nicht schwer, sie davon zu überzeugen, sich der Pasta zu widmen – begleitet von einigen anderen typisch italienischen Gerichten wie Bruschetta und Minestrone. Bedauerlicherweise wird Kindern – besonders auf den so genannten »Kinderkarten« im Restaurant – oft nur »Nudeln mit Tomatensauce« vorgesetzt. Und das, »weil sie es halt gerne mögen«, so argumentieren viele Erwachsene. Doch dahinter verbirgt sich auch eine gute Portion Bequemlichkeit – dabei sind Nudeln ein ideales Essen, um neue Experimente zu wagen. Da sie so gut wie geschmacksneutral sind, können sie zur Basis ausgefallener Kreationen werden, mit Gemüse, mit Kräutern, mit Knoblauch. Und noch einen Vorteil haben Nudeln: Sie lassen sich ohne Aufwand auch in größeren Mengen zubereiten, deshalb können Sie gleich noch Freunde einladen oder die Spielkameraden Ihrer Kinder. Es erfüllt Kinder mit Stolz, wenn sie ihre Freunde zum Essen mitbringen dürfen – und umso begeisterter werden sie sein, wenn sie nicht nur mit am Tisch sitzen, sondern auch schnippeln und rühren dürfen. Lassen Sie alle mithelfen, gemeinsam für ein Essen in großer Runde zu kochen. Ihre Kinder lernen dabei ganz nebenbei, dass Gastlichkeit und Einladungen im Alltag ihren Platz haben. Außerdem hat die Freundesclique der Kinder großen Einfluss auf deren Ernährung – wenn Sie das kindliche Umfeld einbeziehen, ist es leichter, Überzeugungsarbeit in Sachen Küche zu leisten.
Gerade im Alltag bewährt sich ein neues Koch- und Essverhalten. Lassen Sie Ihre Kinder bestimmen, auf welche Nudelform sie Lust haben – Spaghetti, Schmetterlingsnudeln oder Spiralnudeln? Legen Sie sich einen kleinen Pasta-Vorrat an und halten Sie für spontane Einladungen immer ein paar Zutaten für eine Sauce bereit, dann sind Sie auch für ungeplante Kochereignisse vorbereitet.

Nudeln

Wohl keine nationale Küche hat unser Essverhalten so verändert wie die italienische. Auch wenn die Italiener im Durchschnitt pro Jahr sagenhafte 28 Kilogramm Nudeln pro Kopf verspeisen, die Deutschen dagegen nur 7 Kilogramm, so gehört ein Teller Pasta doch mittlerweile auch bei uns unverzichtbar dazu.

»Nudeln machen glücklich«, dieser Ausspruch kommt nicht von ungefähr. Schon der Anblick eines Topfs dampfender Nudeln setzt Glücksgefühle frei, und wenn sich die Teigwaren mit feinen Saucen und frischem Gemüse verbinden, werden Gaumen und Seele von tiefem Wohlbehagen erfasst. Wenn es um das Glück geht, melden sich neuerdings auch die Wissenschaftler zu Wort. Und die haben es ganz genau untersucht: Nudeln bestehen zu 70 % aus komplexen Kohlenhydraten, die einen positiven Einfluss auf unsere Stimmungen und Gefühle haben, weil sie die Ausschüttung des Glückshormons Serotonin befördern.

Das Glücksgefühl ist sogar von Dauer: Anders als etwa bei stark zuckerhaltigen Lebensmitteln, die kurzfristig ein Hochgefühl erzeugen, dann aber einen »Absturz« verursachen, weil das körpereigen erzeugte Insulin kräftig gegensteuert, werden die komplexen Kohlenhydrate nur langsam abgebaut und schaffen ein dauerhaftes Sättigungsgefühl.

Dauerhaftes Sättigungsgefühl mit Nudeln, Vollkorn, Obst und Gemüse.

Sie werden schon bemerkt haben, dass dennoch Süßspeisen in diesem Buch vorgeschlagen werden. Das ist auch sinnvoll, weil Kinder den dosierten Umgang mit süßen Dingen lernen müssen – strikte Verbote sind wenig erfolgreich, weil dann heimlich genascht wird. Wenn man sich aber angewöhnt, Süßspeisen in Form von Desserts zu essen, als »i-Tüpfel« auf einem gesunden und satt machenden Essen, dann werden zum einen automatisch kleinere Portionen gegessen, und zum anderen wird auch klar, dass süße Sachen kein Ersatz, sondern eine Ergänzung des Essens sind.

Das Thema Zucker spielt eine große Rolle für Schulkinder: Wer seinen Kindern Süßigkeiten als Pausenbrot einpackt, handelt gegen alle Grundsätze gesunder Ernährung, weil Zucker den Stoffwechsel durcheinander bringt und auch die Aufnahme von Vitaminen verhindert. Der Schokoladenriegel nach dem Apfel wirkt daher fatal. Außerdem haben Lehrer beobachtet, dass Schüler, die in der großen Pause naschen, in der darauffolgenden Schulstunde große Schwierigkeiten haben, sich zu konzentrieren – wegen des erwähnten Zucker-Absturzes, der wie bei einer Achterbahn die Kinder vom Gipfel der Aktivierung plötzlich in die Tiefe reißt.

Natürlich können Sie keine Nudeln als Pausenbrot mitgeben. Aber auch Vollkornbrot hat den Langzeiteffekt komplexer Kohlenhydrate, und um den Gaumen zu kitzeln, geben Sie am besten reichlich geschnittenes Obst und Gemüse wie Gurke, Paprika oder Kohlrabi dazu. Nehmen Sie sich Zeit für ein Frühstück vor der Schule, auch wenn das in vielen Familien aus Zeitnot im wahrsten Sinne des Wortes unter den Tisch fällt. Wenn Kinder mit leerem Magen zur Schule gehen, wird sich schon bald jener Heißhunger einstellen, der den Appetit auf Süßes weckt. Setzen Sie auf »Slow Food« statt Fast Food, auch im Hinblick darauf, wie die Ernährung sich auf den Schulalltag auswirkt.

Juli · Stichwort

Essen wie die Italiener

Obwohl man damals bei uns zu Hause gutbürgerliche österreichische Gerichte aß, machte meine Mutter sehr gute Spaghetti, manchmal mit Hühnerbrühe, und ich erinnere mich bestens an ihre sagenhafte Tomatensauce, die leicht süßlich schmeckte und immer frisch gemacht war. Fertigsaucen gab es natürlich noch nicht, und ich bin froh, dass ich deshalb noch den ursprünglichen Geschmack von Gemüse kennen lernte.

Beim Essen allerdings ging es ziemlich streng zu. Ich hatte pünktlich am Tisch zu sitzen. »Pünktlichkeit ist eine Zier«, sagte mein Vater immer. Wenn es auch sicher richtig war, dass meine Eltern auf gute Tischsitten Wert legten, so muss man doch sagen, dass es immer sehr still und ruhig zugehen musste.

Wie anders ist das doch in Italien. Wenn man dort ein Lokal betritt, so ist es völlig normal, dass selbst abends an langen Tafeln ganze Großfamilien sitzen, mit vielen Kindern, die nicht so gemaßregelt werden wie in unseren Breitengraden. Die Erwachsenen amüsieren sich, die Kinder haben ihre Freiheit, und es herrscht eine wunderbare Harmonie.

Bei den italienischen Familienfesten, zu denen ich eingeladen war, saßen die Kinder nicht irgendwo am »Katzentisch« oder stumm neben den Erwachsenen, stattdessen gehörten sie dazu. Davon können wir eine Menge lernen. Wenn Kinder erst mal festgestellt haben, dass das gemeinsame Essen am Tisch eine todtraurige Angelegenheit voller Zwänge ist, vor denen man sich besser drückt, dann muss man sich nicht wundern, dass sie lieber allein vor dem Fernseher essen.

In Italien machte ich zum ersten Mal Bekanntschaft mit ganz neuen, ungewöhnlichen Gerichten. Als ich 14 Jahre alt war, nahm mein Vater mich mit auf eine große Reise nach Venedig. Gerade angekommen, sagte er: »Eckart, jetzt gehen wir Langusten essen!« Das machte mich neugierig, weil ich als Kind aus Bad Gastein solch ein Tier noch nie gesehen hatte. Es war nicht so einfach, das Langustenessen, denn mein Vater hatte eine sehr genaue Vorstellung davon, wie sie schmecken sollten. Als wir endlich ein Lokal gefunden hatten, in dem es Langusten gab, ließ er sie einfach stehen, weil sie ihm nicht schmeckten. Stattdessen bestellte er Spaghetti Vongole, und die begeisterten uns beide – ich war völlig fasziniert von diesen kleinen Muscheln, die in der Schale auf dem Teller lagen.

Noch heute liebe ich Pasta. Ganz besonders eine Variante, die mich an meine Kinderzeit erinnert: Ich mische bissfest gekochte Hörnchennudeln mit frisch gepalten blanchierten Erbsen, Parmaschinken oder leicht angeräuchertem Prager Schinken, dazu ein Stich Butter, ein wenig Sahne und Parmesan, und schon liegt der Geschmack der Kindheit wieder auf meiner Zunge.

Orechiette
mit Brokkoli und gerösteten Pinienkernen

Zutaten für 4 Personen:

500 g Brokkoli
2 Knoblauchzehen
2 Zweige glatte Petersilie, gehackt
2 Frühlingszwiebeln
120 g gekochter Schinken (z.B. Prager) am Stück
500 g Orecchiette
3–4 EL Olivenöl
Salz, Pfeffer aus der Mühle, getrocknete Chiliflakes
50 g Pinienkerne, in einer kleinen Pfanne ohne Fett angeröstet
20 g Parmesan, gerieben
20 g Pecorino, gerieben
40 g Butterstückchen

1) Den Brokkoli waschen, putzen und in kleine Röschen zupfen. Den Strunk schälen und in kleine Würfel schneiden. Die Brokkolistücke in kochendem, gesalzenem Wasser knackig blanchieren, herausnehmen und in eiskaltem Wasser abschrecken. Den Knoblauch schälen und in Scheiben schneiden, die Petersilie fein hacken, die Frühlingszwiebeln in Ringe schneiden, den Schinken schräg in kleine Würfelchen schneiden.

2) Gleichzeitig in einem weiteren großen Topf die Orecchiette in Salzwasser nach Packungsanleitung bissfest kochen, abgießen und dabei gut 100 ml vom Nudelwasser auffangen.

3) In einer großen Pfanne Olivenöl erhitzen. Den Knoblauch im Olivenöl hell frittieren, herausnehmen. Die Schinkenwürfel in der Pfanne im verbliebenen Öl anbraten. Die Frühlingszwiebeln und den Brokkoli dazugeben, den Knoblauch wieder zurück in die Pfanne geben und alles durchschwenken.

4) Die gekochten Orecchiette zum Schinken in die Pfanne geben, mit Salz, Pfeffer und Chili abschmecken und mit dem Nudelwasser auffüllen. Die gerösteten Pinienkerne und die gehackte Petersilie dazugeben, geriebenen Parmesan und Pecorino darüberstreuen. Das Ganze gut durchschwenken, eventuell noch etwas Flüssigkeit beigeben. Die Butterstückchen über den Nudeln verteilen und nochmals abschmecken.

5) Auf vorgewärmten tiefen Tellern anrichten und sofort servieren.

Tipp: Für Hartkäsesorten wie Parmesan ist eine Käsemühle eine gute Investition – sie macht besonders Kindern Spaß, die sich zudem garantiert nicht verletzen können, während Ungeübte mit einer Reibe anfangs auch schon mal schlechte Erfahrungen machen. Achten Sie beim Kauf der Mühle darauf, dass sie einen festen Stand hat und aus Edelstahl ist – sie wird eine Menge aushalten müssen!

Filo-Pizza

Zutaten für 4 Personen:

4 Blätter Filo-Teig (im orientalischen Lebensmittelgeschäft erhältlich)
5 EL weiche Butter

Für die Frischkäsecreme:
150 g Frischkäse
150 g Sauerrahm
1/2 Bund gehackter Dill
Salz, schwarzer Pfeffer aus der Mühle

Außerdem:
eine runde Backform (Durchmesser 28 cm) oder eine Pie-Form
weitere Zutaten zum Belegen ganz nach Gusto (siehe Tipp!)

1) Die Backform mit weicher Butter auspinseln. Eine Schicht Filo-Teig locker hineinlegen, mit Butter bestreichen und eine weitere Schicht Filo-Teig draufgeben. So weiter verfahren, bis alle vier Schichten in der Backform sind. Ränder abschneiden oder einrollen.

2) Ein Blech zum Beschweren auf die Teigschichten legen. Die Form für etwa 30 Minuten in den Kühlschrank stellen.

3) Den Ofen auf 180 °C (Umluft) vorheizen.

4) In der Zwischenzeit den Frischkäse mit Sauerrahm verrühren, gehackten Dill unterheben und mit Salz und Pfeffer abschmecken.

5) Die Filo-Pizza samt dem Blech in den Ofen geben und in etwa 10–15 Minuten goldbraun backen.

6) Die knusprige Filo-Pizza aus dem Ofen nehmen. Die Frischkäsecreme dünn auf der Pizza verstreichen und mit den Zutaten (siehe Tipp) belegen.

Tipp: Nach Gusto mit Thunfisch, geräuchertem Lachs, frischer Kresse, klein geschnittenen Radieschen, gebratenem Gemüse, frischem Basilikum, in feine Streifen geschnittenem Schinken, Parmaschinken oder Kassler belegen. Jeder kann seine Pizza-Ecke am Tisch selbst belegen – das ist ein schönes Essen für Familienfeste oder für Kindergeburtstage!

Glasnudelsalat
mit gebratenem Thunfisch und Sesam

Zutaten für 4 Personen:

400 g Thunfisch
200 g Glasnudeln
2 Zweige frischer Koriander
1 Zweig Thai-Basilikum

Vinaigrette für den Glasnudelsalat:

1/2 Chilischote
1 kleine Knoblauchzehe
2 EL Ingwersirup (Asia-Laden)
2 EL Fischsauce
1/2 Limette, Saft ausgepresst
1 Prise Salz
2 kleine Frühlingszwiebeln

Marinade für den Thunfisch:

1 kleine Scheibe Ingwer
1 EL helle Sojasauce
1 Prise Curry
1 EL Öl

Außerdem:

4 Holzspieße
weißer Sesam

1) Die Glasnudeln mit kochendem Wasser übergießen. Nach Packungsanleitung kochen, abgießen und in einer Schüssel beiseite stellen. Koriander und Thai-Basilkum waschen, trockenschütteln und grob hacken.

2) Für die Vinaigrette des Glasnudelsalats die Chilischote längs aufschlitzen, entkernen und klein schneiden. Die Knoblauchzehe schälen, fein hacken. Den Ingwersirup mit Chili, Knoblauch, Fischsauce und dem Limettensaft mischen, dann mit einer Prise Salz abschmecken. Die Frühlingszwiebeln waschen und schräg in feine Ringe schneiden, ebenfalls dazugeben und das Ganze mit den Glasnudeln vermischen.

3) Für den Thunfisch das Fleisch in 3 x 3 cm große Würfel schneiden (pro Spieß 3 Würfel). Für die Marinade den Ingwer schälen und klein hacken. Mit Sojasauce, Curry und Öl mischen. Den aufgespießten Thunfisch in die Marinade geben und kurz ziehen lassen.

4) Eine Pfanne mit Öl erhitzen. Die Spieße von beiden Seiten nur wenige Sekunden anbraten, sodass in der Mitte noch ein roter Streifen Thunfisch zu sehen ist. In der Pfanne mit dem Sesam bestreuen.

5) Den Glasnudelsalat in einer Schale anrichten, je einen Thunfischspieß darauflegen und mit den frischen Kräutern garnieren.

Tipp: Falls kleine Kinder mitessen, die Chilischote einfach weglassen. Bitte nach dem Entkernen und Schneiden von Chilischoten die Hände immer sehr gründlich waschen, denn das in den Chilischoten enthaltene, die Schärfe verursachende Capsaicin kann die Haut reizen und darf keinesfalls in die Augen gelangen.

»Wieso ist das knackig?« – Was Konsistenz bedeutet

Weich? knackig? Mürbe?
Schlürfen oder kräftig zubeißen?
Was mögt ihr am liebsten?

Heute wollen wir uns nicht nur auf die Spuren des Geschmacks begeben, wir werden auch ausprobieren, wie sich das Essen auf der Zunge anfühlt. Ist es weich? Knackig? Mürbe? Zergeht es auf der Zunge, kann man es schlürfen oder muss man kräftig zubeißen? Unsere Ahnen in grauer Vorzeit kannten keine aufwendigen Zubereitungen. Es vergingen etwa hunderttausend Jahre der Menschheitsgeschichte, bevor das erste Mal etwas gekocht wurde. Vorher waren die Menschen Jäger und Sammler: Sie aßen das, was sie fanden, roh. Mit der Entdeckung des Feuers hatten die Urmenschen eine Flamme, die sie wärmte und Schutz vor wilden Tieren bot, und sie konnten nun auch kochen. Sie wickelten Gemüse in Blätter und legten die Päckchen in die heiße Asche des Lagerfeuers, sie machten sich Gefäße, in denen sie Wasser erwärmen konnten, um Fleisch und Gemüse zu kochen. Wir mögen heute vieles immer noch roh besonders gerne, genauso wie die Urmenschen, trotz Herd und Backofen: Gurkenstücke, Kohlrabi, eine knackige Möhre sowie das meiste Obst schmecken roh sehr gut: einfach schälen oder abwaschen, fertig. Anderes aber schmeckt roh weniger, manches ist ohne Erhitzung sogar ungenießbar: grüne Bohnen zum Beispiel oder Kartoffeln. Sie müssen gekocht werden, damit unser Körper damit umgehen kann. Besonders Fleisch kennen wir heute vor allem gekocht oder gebraten.

Es gibt zwar Gerichte mit rohem Fleisch, Tatar beispielsweise. Die Tataren, ebenso wie die amerikanischen Cowboys, nahmen auf ihren langen Ritten roh getrocknetes Fleisch als Proviant mit, es ist zwar sehr zäh, aber nahrhaft und besonders haltbar. Mittelalterlichen Quellen zufolge sollen die Tataren sogar rohes Fleisch unter ihren Sätteln weich geritten haben, woran heute noch das Wort »Tatar« erinnert, mit dem man rohes Rinderhackfleisch bezeichnet.

Heute wollen wir vergleichen, wie sich Gemüse verändert, je nachdem, wie man es zubereitet. Die Beschaffenheit – hart, weich, cremig – nennt man Konsistenz. Auch der Geschmack verändert sich dabei. Für den Test kauft ihr ein Bund Möhren und eine Dose mit gekochten Möhren. Zwei Möhren werden geschält und in ein Glas gestellt.

Den Rest des Bundes kocht ihr mithilfe eines Erwachsenen in reichlich Wasser, bis die Möhren noch gerade bissfest sind. Nehmt zwei Möhren aus dem kochenden Wasser und legt sie auf einen zweiten Teller. Die übrigen Möhren lasst ihr so lange weiterkochen, bis sie fast zerfallen. Gießt das Kochwasser bis auf etwa eine Tasse Flüssigkeit ab und püriert das weiche Gemüse mit einem Pürierstab, bis eine Creme entsteht. Verrührt ein paar Tropfen Olivenöl in der Creme und eine Prise Salz. Dann füllt ihr sie in ein Schälchen. Auf einen vierten Teller kommen die abgetropften Möhren aus der Dose.

So, nun habt ihr Möhren in vier Varianten: Roh, gekocht, gekocht aus der Dose und als Möhrensuppe. Probiert alles nacheinander. Beschreibt, wie sich das auf der Zunge anfühlt, wie sich der Geschmack unterscheidet. Was mögt ihr am liebsten?

Meine Meinung: Möhren aus der Dose schmecken schlapp und haben kaum noch Vitamine. Schade, denn das kostbare Vitamin A, das Möhren enthalten, ist besonders gut für die Augen und für die Gesundheit der Haut. Gebt immer ein bisschen Fett dazu, damit der Körper das Vitamin A optimal aufnehmen kann. Das spricht sehr für gekochte Möhren mit ein wenig Butter. Knackig rohe Möhren sind aber trotzdem mein Favorit!

Spaghetti mit Tomaten, Basilikumöl und Mozzarella

Zutaten für 2–3 Personen:

200 g Spaghetti
2–3 Eiertomaten
Salz, schwarzer Pfeffer aus der Mühle
1 Prise Zucker
1 Spritzer Zitronensaft
120 g frischer Büffelmozzarella
20 g Basilikumblätter
50 ml Olivenöl
5 g glatte Petersilie
1–2 fein geschnittene Knoblauchzehen

1) Die Tomaten waschen, enthäuten, Strunk und Kerne wegwerfen. Das Fruchtfleisch klein würfeln, salzen und pfeffern und 1 Prise Zucker sowie 1 Spritzer Zitrone beimischen. Den Mozzarella würfeln und mit den Tomatenwürfeln in einer Schüssel vorsichtig vermengen.

2) Etwa 4 l Wasser in einem großen Topf zum Kochen bringen, anschließend 50 g grobkörniges Salz beigeben. Einige Basilikumblätter in Streifen schneiden und beiseite stellen, das restliche Basilikum grob zupfen und mit dem Olivenöl und der frisch gezupften Petersilie vermischen.

3) Die Spaghetti entprechend der auf der Packung angegebenen Kochzeit kochen, vom Herd nehmen, 1 Minute stehen lassen, dann das Wasser abgießen.

4) Um den idealen Heiß-kalt-Effekt zu erzielen, die Spaghetti rasch mit dem Tomaten-Mozzarella-Gemisch und dem Basilikumöl vermengen; pfeffern, mit dem Knoblauch und den Basilikumstreifen bestreuen und sofort servieren.

Tipp:
Auf 100 g Pasta rechnet man mindestens 1 Liter Wasser. Es soll so viel Salz dazugegeben werden, dass man das Kochwasser eigentlich als versalzen empfinden würde. Es darf aber auf keinen Fall Öl ins Kochwasser gegeben werden, weil die Nudeln sonst ihre Poren verschließen und später die Sauce beziehungsweise hier das aromatische Basilikumöl nicht mehr so gut aufnehmen können. Das Basilikumöl sollte übrigens nicht zu lange im Voraus zubereitet werden. Die Mischung aus Petersilie und Basilikum bewirkt eine schönere grüne Farbe!

Piccata vom Kalb

Zutaten für 4 Personen:

6–8 Scheiben Kalbsfilet (à 40–50 g)
100 g Parmesan
100 ml Sahne
2 frische Landeier
1 Prise Salz
Öl (neutrales Pflanzenöl)
50 g Butter
Mehl zum Panieren
Salz, schwarzer Pfeffer aus der Mühle

Tipp: Das Wenden im Mehl ist wichtig, damit die Parmesan-Ei-Masse haftet!

1) Die Kalbsfiletscheiben leicht klopfen. Den Parmesan fein reiben. Die kalte Sahne halbsteif aufschlagen.

2) Die Landeier erst kurz vor dem Verwenden in eine Schüssel aufschlagen, den geriebenen Parmesan und eine Prise Salz beigeben (aufpassen, nicht zu viel, denn der Parmesan gibt auch Würze), dann die geschlagene Sahne ebenfalls dazugeben.

3) In einer beschichteten Pfanne etwas Öl bei mittlerer Temperatur erhitzen, die Butter beigeben und hellbraun aufschäumen lassen (die Temperatur muss dafür gleichmäßig heiß bleiben).

4) Die Kalbsfiletscheiben leicht auf beiden Seiten mit Salz bestreuen, pfeffern, in Mehl kurz wenden, abklopfen und durch die Ei-Parmesan-Masse ziehen.

5) Das Fleisch rasch in die heiße Butter-Öl-Mischung legen und in etwa 3 Minuten eine hellbraune Farbe annehmen lassen, aufpassen und nicht zu dunkel werden lassen, denn sonst wird der Parmesan bitter! Vorsichtig, ohne die Piccata-Hülle zu verletzen, mithilfe eines Pfannenwenders umdrehen und nochmals 3 Minuten auf der anderen Seite goldgelb braten. Sofort servieren.

klassisch gibt es dazu:

Spaghetti mit Tomatensauce

1 kleine Zwiebel, fein gehackt
1 Knoblauchzehe, gehackt
1 kg frische Fleischtomaten
2 EL Olivenöl
Salz, Pfeffer aus der Mühle, Zucker
500 g Spaghetti

1) Zwiebeln und Knoblauch glasig anschwitzen. Die Tomaten waschen, vierteln (Strunk dabei herausschneiden) und in einen Topf geben. Das Olivenöl beigeben und mit Salz, Pfeffer und mit einer Prise Zucker abschmecken. Die Tomatensauce etwa 30 Minuten köcheln lassen, dann durch ein Sieb passieren.

2) In einem großen Topf 3–4 l leicht gesalzenes Wasser aufsetzen und die Spaghetti darin sprudelnd al dente kochen.

Rote-Bete-Risotto

Zutaten für 4 Personen:

200 g Rote Bete
1 kleine rohe Rote Bete (zum später Darüberreiben)
Je 1 Prise Salz, Zucker und Kümmel
1 Lorbeerblatt
1 Spritzer Obstessig

etwa 1/4 l Geflügelfond (oder Gemüsebrühe)
1 EL Olivenöl
20 g Butter
4 Frühlingszwiebeln (nur das Weiße), fein gewürfelt
200 g Risottoreis (z. B. Arborio oder Vialone)
100 ml Weißwein
100 g kalte Butter
40 g Parmesan
etwa 60 g Butter
Salz, schwarzer Pfeffer aus der Mühle
frischer Meerrettich

1) Die Rote Bete (etwa 5 cm der Stiele daranlassen) gründlich waschen. In einen Topf geben, mit Wasser bedecken. Salz, Zucker, Kümmel, Lorbeerblatt und Obstessig hinzufügen und das Gemüse darin in etwa 35 Minuten weich kochen. Die Rote Bete im Sud erkalten lassen. Die Knollen schälen (am besten mit Gummihandschuhen) und in 1/2 cm große Würfel schneiden (siehe Tipp).

2) Den Geflügelfond (oder die Brühe) bis zum Siedepunkt erhitzen und sieden lassen. Das Olivenöl und die Butter in einem Topf mit schwerem Boden erhitzen und darin die Frühlingszwiebeln bei mittlerer Hitze anschwitzen ohne Farbe nehmen zu lassen. Den Reis zufügen und mit einem Holzlöffel umrühren. Das Ganze mit dem Weißwein ablöschen, die Flüssigkeit fast einköcheln lassen und etwa 125 ml siedend heiße Brühe zugießen. Den Reis unter ständigem Rühren kochen.

3) Sobald der Reis die Brühe aufgesogen hat, erneut etwa 125 ml Brühe zugießen und rühren, bis die Brühe vom Reis völlig absorbiert wird: Die Brühe dabei nach und nach einrühren, bis der Reis cremig wird, aber noch körnig ist. Dabei muss der Reis ständig weiterkochen, ohne dabei am Topfboden anzusetzen. Die Garzeit beträgt mindestens 20–25 Minuten.

4) Etwa 5 Minuten vor Fertigstellung die sehr fein geriebene rohe Rote Bete sowie die Rote-Bete-Würfel beigeben. Den Topf von der Herdplatte ziehen, die kalten Butterstücke und den geriebenen Parmesan unter kräftigem Schwenken einmengen: Die Konsistenz muss leicht suppig sein.
Nochmals mit Salz und mit frisch gemahlenem Pfeffer abschmecken. Auf heißen Tellern anrichten und noch etwas frisch geriebenen Meerrettich darüberreiben.

Tipp:
Etwas frisch geriebener Meerrettich gibt dem Gericht eine feine Note. Nach Wunsch können Sie ein paar zarte junge Blätter der Roten Bete frittieren und das Gericht damit dekorieren. Um sich die Arbeit des Kochens zu ersparen, kaufen Sie bereits gekochte Rote Bete!

Rhabarber-Kompott
mit Mascarpone-Creme

Für 4 Personen:

Für den Läuterzucker:

500 g Zucker
250 ml Wasser

Für das Kompott:

8 mittelgroße Stangen Rhabarber
1 Vanilleschote
1 Stück Zitronenschale (etwa 4 cm)
8 Himbeeren

Für die Mascarpone-Creme:

100 g Sahne
100 g Mascarpone
2 EL Puderzucker
1/2 Zitrone, Saft ausgepresst
1/2 unbehandelte Zitrone, Schale abgerieben

1) Für den Läuterzucker den Zucker und das Wasser zusammen aufsetzen und etwa 10 Minuten kochen lassen (siehe Tipp). Den Ofen auf 160 °C vorheizen (Ober- und Unterhitze).

2) Für das Kompott den Rhabarber waschen und putzen, Schalen abziehen und die Stangen in 2 cm große Stücke schneiden. Die Stücke in eine ofenfeste Form geben. Den heißen Läuterzucker durch ein Sieb passieren und darübergießen. Die längs aufgeschlitzte Vanilleschote, das Stückchen Zitronenschale und die Himbeeren ebenfalls dazugeben.

3) Die Form mit Alufolie abdecken und den Rhabarber im vorgeheizten Ofen bei 160 °C (Ober- und Unterhitze) etwa 35 Minuten weich schmoren.

4) Für die Mascarpone-Creme die Sahne nicht zu steif schlagen. Mascarpone in eine Schüssel geben. Mit Zitronensaft, Schalenabrieb und Puderzucker verrühren. Die Sahne nach und nach unter den Mascarpone heben.

5) Den Rhabarber aus dem Ofen nehmen und abkühlen lassen. Je einen Klacks Mascarpone-Creme in Gläser füllen, Kompott daraufgeben und servieren.

Tipp:

Die Schalen vom Rhabarber am besten im Läuterzucker mitkochen – das gibt einen intensiveren Geschmack!

Das Kompott kann natürlich mit verschiedenen Früchten, zum Beispiel mit Kirschen, Erdbeeren oder Himbeeren, verfeinert werden!

August

Grillen

Grillen ist eine Kunst. Schon der große Kochkritiker Brillat-Savarin sagte: »Zum Braten muss man geboren sein.« Und man braucht viel Erfahrung im Umgang mit Fleisch und Fisch, damit auch das Grillen zu einem kulinarischen Erlebnis wird. Wenn Sie eine Grillparty planen, dann machen Sie einen großen Bogen um die fertig angebotenen »Grill-Spezialitäten«. Nicht immer ist das Fleisch von guter Qualität, meist ist es zu stark gewürzt, und dic Marinade trieft von Fett und ist meist mit Geschmacksverstärkern wie Glutamat angereichert. Nehmen Sie lieber weniger, aber dafür erstklassiges Fleisch, das Sie abwechselnd mit Gemüse und Obst auf einen Metall-Spieß oder auf einen vorher gewässerten Holzspieß stecken. Wer es luxuriös mag, kann einen Hummer grillen. Mein Lehrer Bocuse servierte Bresse-Hühner und Fasan am Spieß vom Holzkohlefeuer.

Lieber weniger, aber dafür erstklassiges Fleisch mit Gemüse und Obst: Grillen als kulinarisches Erlebnis.

Verwenden Sie am besten reißfeste Alufolie, um darin zu garen. Besonders Fisch eignet sich gut für diese Methode sowie jede Sorte Gemüse. Die Folie muss hermetisch geschlossen sein! Sie können die Alu-Päckchen gut zu Hause in der Küche vorbereiten und brauchen sie später nur noch auf den Grill zu legen. Probieren Sie zum Beispiel Forelle mit Butter, glatter Petersilie und Salz oder Fisch mit Zitrone und grüner Mango. Fertigsaucen sollten Sie meiden. Rühren Sie ein paar Dips an und füllen Sie sie in Schraubgläser mit großen Öffnungen. Ich persönlich mag sehr gern eine klassische Sauce béarnaise zum Fleisch, außerdem selbst gemachte Kräuterbutter: Dafür mische ich weiche Butter, Zitronensaft, Salz, glatte Petersilie und Cayennepfeffer. Bitte Kräuterbutter nicht im Kühlschrank hart werden lassen: Am besten schmeckt sie frisch. Zum Lammkotelett passt ein Tomatenpüree, auf das Sie am Schluss kleine geröstete Knoblauchwürfel streuen.

Damit das Fleisch trotz des geballten Hitzeangriffs zart bleibt, können Sie es marinieren. Mischen Sie für die Marinade zum Beispiel Olivenöl, Thymian, leicht angeklopften Knoblauch und Wacholderbeeren. Sechs Stunden sollte das Fleisch in der Marinade ruhen, dann ist es gut durchgezogen – köstlich für Steaks. Vor dem Grillen tupfen Sie die Marinade mit Küchenkrepp ab, damit die Kräuter nicht verbrennen und schwarz werden. Marinieren Sie unterschiedlich, je nach Fleischsorte mit anderen Gewürzen und Aromaten.

Damit es optimal klappt mit dem Grillen, verwenden Sie Holzkohle bester Qualität, mit einem Anteil von mindestens 85 % Birkenholz, das besonders gleichmäßig glüht. Ein häufiger Fehler ist es, dass der Grill zu heiß wird oder sogar Flammen aus der Grillkohle schlagen. Die Kohle sollte wirklich immer nur glühen, nicht brennen, und der Abstand zwischen Rost und Kohle sollte nicht zu gering sein. Sonst entwickeln sich statt der aromatischen Röststoffe gefährliche Brenn-Abfallprodukte, die gesundheitsschädlich sind. Brennverstärker wie Spiritus sind tabu, es könnten Stichflammen entstehen. Trotzdem sollte immer ein Eimer mit Sand für den Notfall bereitstehen. Auf keinen Fall darf man Grillbrände mit Wasser löschen, es verdampft sofort und am glühend heißen Wasserdampf kann man sich leicht verbrühen. Wenn Sie auf dem Balkon grillen, achten Sie darauf, dass der Grill sicher steht und dass die Kinder nicht direkt daneben sitzen. Die Kinder können an einem Extra-Tisch Spieße vorbereiten oder Gemüse in Alufolie verpacken. Praktisch ist es, wenn Sie in einem Balkonkasten Kräuter ziehen, die Sie direkt auf die fertigen Gerichte streuen können. Oder versuchen Sie es mal mit Kapuzinerkresse, die dekorativ rankt und deren Blüten sogar essbar sind!

Weinbergpfirsiche in der Folie

Zutaten für 4 Personen:

12 Weinbergpfirsiche (pro Person 3 Stück)
8 dünne Scheiben Ingwer
1 Vanilleschote
4 TL Honig
8 Zacken Sternanis
12 Butterflocken
einige Spritzer Grenadine und ein Spritzer Orangenlikör
4 kleine Zweige frischer Lavendel (oder Rosmarin)

Außerdem:

reißfeste Alufolie

1) Die Weinbergpfirsiche waschen und trockentupfen.

2) Den Ingwer schälen, die Vanilleschote der Länge nach aufschlitzen und das Mark herauskratzen. Dann in vier gleich große Stücke schneiden.

3) Von der Alufolie vier ausreichend große Stücke abtrennen (dünne Folie doppelt nehmen). Jedes Stück Folie mit 3 Pfirsichen, 2 Ingwerscheiben, einem Stückchen Vanilleschote, etwas Vanillemark, 1 TL Honig, 2 Zacken Sternanis und 3 Butterflocken belegen. Nach Belieben mit einigen Spritzern Grenadine und Orangenlikör beträufeln.

4) Je einen Zweig frischen Lavendel (oder Rosmarin) zum Schluss darauflegen und jedes Päckchen sorgfältig verschließen.

5) Die Pfirsiche für etwa 20 Minuten auf den Grill legen. Die Päckchen unbedingt erst am Tisch öffnen, der Duft ist einfach fantastisch!

Tipp:
Weinbergpfirsiche sind sehr aromatisch. Sie können aber natürlich auch anderes Obst auf diese Weise grillen, etwa Aprikosen, Pflaumen, Zwetschgen oder Kirschen! Die Früchte schmecken pur ganz wunderbar, aber eine Kugel Vanilleeis oder ein Schuss frische Sahne passt natürlich hervorragend dazu!

Heilbutt in der Folie

Für 4 Personen:
(ergibt zwei Folienpäckchen)

Für die schnelle Tomatensauce:

1 Dose stückige Tomaten (400 g)
Salz
1 Prise Zucker
1 Schuss Olivenöl

2 große Heilbutt-Tranchen
(Mittelstücke à 450 g)
12 Garnelen (350 g)
6 Basilikumzweige
4 Petersilienstängel
Olivenöl zum Beträufeln
Meersalz
schwarzer Pfeffer aus der Mühle

Tipp:
Die Tomatensauce kann mit gewürfelter Paprika, Stangensellerie und Zwiebeln noch verfeinert werden.

1) Die Tomaten in einen Topf geben. Salz, eine Prise Zucker und Olivenöl dazugeben und etwa 15–20 Minuten köcheln, dann abkühlen lassen.

2) Den Heilbutt waschen und trockentupfen. Garnelen putzen und entdarmen.
Vier große Stücke Alufolie abreißen und doppelt nehmen.

3) Auf die beiden doppelten Folien je 4 EL abgekühlte Tomatensauce in die Mitte geben. Mit jeweils 3 Basilikumzweigen belegen. Je eine Heilbutt-Tranche platzieren und mit 6 Garnelen dekorativ belegen. Mit einem Schuss Olivenöl beträufeln und Petersilienstängel darauflegen.

4) Das Ganze jeweils mit einem großen Stück Alufolie bedecken und beide Päckchen gut verschließen, auf den Grill legen und etwa 20 Minuten grillen.

5) Die Päckchen vom Grill nehmen und oben vorsichtig aufschneiden. Mit Meersalz und Pfeffer aus der Mühle würzen, nochmals mit frischem Olivenöl beträufeln und am besten mit Kräuterbutter-Baguette servieren.

Kräuterbutter-Baguette

Für die Kräuterbutter:

200 g weiche Butter
1/2 Bund glatte Petersilie
1/2 Bund Schnittlauch
2 Zweige Dill
1 Knoblauchzehe, geschält und fein gehackt
1 Spritzer Worcestersauce
1 Spritzer Zitronensaft
Salz
1 TL schwarze Pfefferkörner, im Mörser grob zerstoßen
1 Prise Cayennepfeffer

1) Die Butter schaumig schlagen, alle Kräuter waschen, trockenschütteln, fein schneiden und mit dem Knoblauch untermischen. Mit Worcestersauce, Zitronensaft, Salz, Pfeffer und Cayennepfeffer abschmecken. Die Kräuterbutter in Butterbrotpapier zu einer Rolle einrollen, fest andrücken und kühl stellen.

2) Das Baguette schräg einschneiden, die Ritzen mit Kräuterbutter füllen, das Brot in Alufolie wickeln und auf dem Grill oder im Backofen 15–20 Minuten garen.

Tipp:
Diese Kräuterbutter schmeckt natürlich auch zu gegrilltem Fleisch oder zu Kartoffeln sehr fein!

Marinierte Lammkoteletts mit Gemüse im Tomaten-Koriander-Sud

Zutaten für 4 Personen:

Für die Lammkoteletts:

12 fleischige Lammkoteletts (à 80 g)
Salz, schwarzer Pfeffer aus der Mühle
Olivenöl
3 Knoblauchzehen in der Schale, angedrückt
4 Thymianzweige
3 Lorbeerblätter
einige Stängel glatte Petersilie (oder Basilikum)
Saft von 1/2 Zitrone
einige Rosmarinnadeln

Für das Gemüse:

150 g runde Frühlingszwiebeln
300 g Blumenkohl
200 g Fenchel, fein geschnitten
4 junge Artischocken
etwas Zitronensaft
150 g kleine Champignons
500 g Tomaten, in Würfel geschnitten
4 junge Knoblauchzehen
1 TL schwarze Pfefferkörner
1/2 TL Korianderkörner
1 TL Fenchelsamen
6 Lorbeerblätter
10 Safranfäden
1/8 l Weißwein
etwa 600 ml Gemüsebrühe
1/2 Bund gezupfte Korianderblätter
Zucker, Meersalz
Olivenöl
Essig

1) Die Lammkoteletts waschen und trockentupfen. Lammkoteletts in ein Gefäß legen, salzen und pfeffern, mit ein bisschen Olivenöl begießen. Angedrückte Knoblauchzehen, Thymianzweige, Lorbeerblätter, Petersilienstängel und Zitronensaft beigeben. Das Ganze abdecken und mindestens 1 Stunde (oder über Nacht) im Kühlschrank marinieren.

2) Die Lammkoteletts aus der Marinade nehmen und auf den Grill legen. Rasch auf beiden Seiten rosa grillen. Zum Schluss mit Salz und Pfeffer aus der Mühle würzen und mit Rosmarinnadeln bestreuen.

3) Für das Gemüse den Backofen auf 180 °C vorheizen. Die Frühlingszwiebeln putzen, aber ganz lassen. Blumenkohl putzen und in walnussgroße Röschen teilen. Fenchel ebenfalls putzen, halbieren und längs in 1 cm dicke Spalten schneiden. Artischocken putzen, vierteln und in Zitronenwasser legen.

4) Champignons putzen und größere Exemplare halbieren oder vierteln. Tomaten blanchieren, häuten, halbieren und entkernen. Die Hälften in kleinere Würfel schneiden. Knoblauchzehen schälen. Pfeffer, Koriander und Fenchel in einem Mörser grob zerstoßen.

5) Etwas Olivenöl erhitzen und die Gewürze darin leicht anrösten. Knoblauchzehen, die Gewürze aus dem Mörser und die Lorbeerblätter zugeben und mitrösten. Dann das ganze Gemüse bis auf die Tomaten dazugeben, mit Zucker und Meersalz bestreuen und leicht glasieren lassen. Safranfäden darüberstreuen und mit Weißwein ablöschen. Etwas einkochen lassen und mit der Gemüsebrühe knapp bedecken. Tomatenwürfel untermischen und die Form mit Alufolie bedecken.

6) Im heißen Ofen etwa 30 Minuten garen. Den Sud auf dem Herd dickflüssig einkochen lassen. Vor dem Servieren den Koriander hacken und darüberstreuen. Falls nötig, noch einmal mit Meersalz, Olivenöl und einem Spritzer Essig abschmecken.

Schweinefiletspieße mit Pflaumen

Zutaten für 4 Personen:

600 g pariertes Schweinefilet
(pro Person etwa 150 g,
pro Spieß 4 Stück)

Für die Marinade:

1/2 TL Fenchelsamen
1 TL schwarze Pfefferkörner
1/2 TL Korianderkörner
8 EL Olivenöl
4 Zweige frischer Majoran

16 Backpflaumen
8 Scheiben Frühstücksspeck
200 g Frühlingszwiebeln (etwa 1 Bund)
3 kleine Chilischoten, angeklopft

Außerdem:

4 Metallspieße

1) Das Schweinefilet quer in 2 cm breite Stücke schneiden.

2) Für die Marinade die Fenchelsamen, die schwarzen Pfefferkörner und die Korianderkörner in einen Mörser geben und darin grob zerstoßen. In eine kleine Schüssel geben und mit Olivenöl und frisch gezupftem Majoran mischen.

3) Einen Topf mit Salzwasser zum Blanchieren der Frühlingszwiebeln aufsetzen und zum Kochen bringen. Die Backpflaumen jeweils mit einer halben Scheibe Speck umwickeln. Eine Schüssel mit Eiswasser bereitstellen. Die Frühlingszwiebeln putzen, waschen und in 4 cm lange Stücke schneiden. Im Salzwasser blanchieren und sofort in Eiswasser abschrecken.

4) Die Schweinefiletstücke abwechselnd mit den Speckpflaumen sowie den blanchierten Frühlingszwiebeln auf Metallspieße stecken.

5) Alle Spieße in eine längliche Form legen und mit der Marinade beträufeln, angeklopfte Chilischoten darauf verteilen und am besten über Nacht im Kühlschrank darin ziehen lassen.

6) Die marinierten Spieße entweder auf dem Grill oder in einer Grillpfanne braten.

Tipp:
Statt Pflaumen kann man auch Datteln mit dem Speck umwickeln. Und statt der Frühlingszwiebeln kann man auch geviertelte, kurz und mit Biss angebratene Zwiebeln aufspießen.

Dorade im Salzteig
mit Fenchelsalat

Zutaten für 4 Personen:

1 Dorade von etwa 1,5 kg (ausgenommen, aber nicht geschuppt!)
1 kleine Fenchelknolle (50 g)
2 Prisen Fenchelsamen
schwarzer Pfeffer aus der Mühle
etwas Zitronensaft

Für die Salzkruste:

2 kg grobes Meersalz
2 Eiweiße

Für den Fenchelsalat:

500 g Fenchel, in dünne Scheiben geschnitten
10 Orangenfilets
1/2 Zitrone, Saft ausgepresst
Salz, Pfeffer aus der Mühle
einige frische Minze- oder Basilikumblätter, in feine Streifen geschnitten
Olivenöl zum Beträufeln, Meersalz

1) Die Dorade von innen und außen gründlich waschen, trockenreiben, aber nicht schuppen. Die kleine Fenchelknolle putzen, waschen, halbieren und in feine Scheiben schneiden. Die Fenchelscheiben und die Fenchelsamen in die Bauchhöhle der Dorade füllen. Bauchraum kräftig mit Pfeffer würzen und mit Zitronensaft beträufeln.

2) Den Backofen auf 240 °C vorheizen. Das grobe Meersalz mit den leicht aufgeschlagenen Eiweißen verrühren. Etwa die Hälfte dieser Salzmischung 2 cm dick (etwas größer als der Fisch) auf einem mit Backpapier ausgelegten Blech verteilen. Die Dorade darauflegen und mit der restlichen Salzmischung überdecken. Mit angefeuchteten Händen gut andrücken, dabei den Fischkörper nachformen. In den heißen Backofen schieben und etwa 25 Minuten garen.

3) Für den Fenchelsalat den Fenchel waschen, putzen und ganz dünn aufschneiden. Die Orangenfilets beigeben und mit Zitronensaft, Salz, Pfeffer und Olivenöl abschmecken. Einige Minze- (oder Basilikum-)blätter in feine Streifen schneiden und sachte darunterheben.

4) Den Fisch aus dem Ofen nehmen und kurz stehen lassen. Die Salzkruste aufklopfen. Die Haut des Fisches vorsichtig abziehen und so aufklappen, dass kein Salz an das Fischfleisch kommt. Die Fischfilets von den Gräten ablösen und auf vorgewärmten Tellern anrichten. Die Filets mit etwas Olivenöl beträufeln und mit Meersalz bestreuen. Den Fenchelsalat dazu servieren.

Wildes Kochen

Als ich als kleiner Knirps zum ersten Mal versuchte, für meine Freunde zu kochen, endete dieser Versuch an einem Marterpfahl! Meine Freunde und ich hatten eine Holzfällerhütte eingenommen, und ich wollte dort für sie Pfannkuchen backen. Stolz wirbelte ich ein Exemplar durch die Luft. Der Pfannkuchen landete allerdings ausgerechnet auf dem nackten Fuß unseres Häuptlings. Da gab es kein Pardon, und sofort wurde ich nach Indianerart an den Marterpfahl gebunden. Es war eine wilde Zeit. Wir waren fast immer draußen. Der nahe gelegene Wald war unser Revier, dort spielten wir Indianer und kämpften, bis uns die Zähne rausflogen. Wir Kinder hatten damals in der Nachkriegszeit wenig zu essen und an allen Ecken und Enden wurde gespart. Doch Not macht bekanntlich erfinderisch. Wir lebten mit der Natur und diese wurde zu unserer persönlichen Speisekammer. Zum Beispiel sammelten wir junge, zarte Brennnesselblätter und machten daraus wohlschmeckenden »Spinat« mit Spiegelei. Oder wir stibitzten uns vom Feld des benachbarten Bauern Maiskolben und Kartoffeln, die wir draußen am Lagerfeuer direkt in den Flammen brieten und dann mit etwas Butter und Salz einrieben – köstlich! Zu besonderen Anlässen gab es eine Knackwurst, auch die kam übers offene Feuer. Wir hatten früher sogar unser eigenes Kaugummi aus der Natur: Dafür schälten wir Stückchen Tannenbaumrinde ab und kauten sie. Gegen den Durst aßen wir Sauerampfer, frisch von der Wiese.

Als ich später Profikoch war, begann ich, mit neuen Zutaten zu experimentieren: mit Kräutern und mit Früchten. Manches vom »wilden Kochen« der frühen Jahre kam dabei wieder zum Vorschein, beispielsweise der Sauerampfer in einer legierten Kräutersuppe mit Wachteleiern. Doch viele Zutaten sind heute in der Küche so gut wie verschwunden, wie die Hopfensprossen aus der Holledau. Diese gibt es zwar noch, aber sie sind extrem teuer. Noch heute gehe ich auf die Suche nach ungewöhnlichen Genüssen. Auf Mallorca habe ich wilden Spargel gefunden, eine Delikatesse!

Topfen-Palatschinken

Zutaten für 6 Personen:

Für den Teig:

185 ml Milch
75 g Mehl
2 Eier
je 1/2 unbehandelte Zitrone und Orange, Schale abgerieben
10 g Vanillezucker
1 Prise Salz
75 g Butter (als »Nussbutter«, das heißt leicht braun)

Für die Füllung:

200 g Speisequark (20 % Fett i.Tr.)
60 g Zucker
2 Eigelbe
10 g Stärke
10 g Vanillezucker
je 1 TL Schalenabrieb von einer unbehandelten Orange und Zitrone
20 g flüssige Butter
60 g geschlagene Sahne
30 g Rosinen

Für die Royale:

260 ml Milch
30 g Vanillezucker
60 g Crème fraîche
2 Eier

1) Für den Teig alle Zutaten außer der Butter mit einem Schneebesen glatt rühren.

2) Die lauwarme, leicht braune Butter zugeben und den Teig 30 Minuten ruhen lassen. Dann durch ein Sieb gießen. Ein Crêpe-Eisen erhitzen (oder in einer großen Pfanne etwas Butter zerlassen) und aus dem Teig dünne Pfannkuchen (Crêpes) von etwa 18 cm Durchmesser backen. Dann den Backofen auf 150 °C vorheizen. Eine feuerfeste, rechteckige Form ausbuttern.

3) Für die Füllung alle Zutaten bis auf die geschlagene Sahne und die Rosinen verrühren. Zuletzt die Sahne und die Rosinen nur kurz unterheben. Nun die Füllung auf die Crêpes streichen und diese einrollen. Mithilfe einer Palette nebeneinander in die Form legen.

4) Für die Royale die Zutaten verrühren, über die Crêpes geben und diese bei 150 °C 15–20 Minuten im Ofen backen Die Topfen-Palatschinken herausnehmen und warm mit Puderzucker bestäuben.

Tipp: Die Crêpes können sehr gut vorbereitet werden, im Kühlschrank lassen sie sich gut aufbewahren! Nur die Royale darf man erst kurz vor dem Backen darübergeben! Dazu passt wunderbar die Kirschsauce von Seite 124.

Milchshakes

Zutaten für je 1 Glas:

Bananen-Shake

1/2 reife Banane
1/4 l Milch
1 Schuss flüssige Sahne
etwa 1 EL flüssiger Zucker, Honig oder Bananensirup

Birnen-Schoko-Milchshake

1 vollreife Birne (oder 2 halbe Birnen aus der Dose)
1/4 l Vollmilch
1 cl flüssige Sahne
2–3 EL Schokoladensauce
nach Belieben für Erwachsene:
2 cl Birnenlikör oder brauner Rum

Vanille-Smoothie

2 Kugeln Vanilleeis
1/4 l Vollmilch
1 cl flüssige Sahne
1 EL Ahornsirup (oder mehr nach Geschmack)
ausgekratztes Mark von 1 Vanilleschote
nach Belieben für Erwachsene:
2 cl Galliano

Milchshakes können grundsätzlich aus den meisten Früchten oder deren Sirup hergestellt werden. Am besten eignen sich vollreife, geschmackvolle Sorten je nach Saison, beispielsweise Mangos, Bananen, Heidelbeeren, Birnen, Himbeeren oder Erdbeeren. Für jeweils 2–3 Personen werden die angegebenen Zutaten (nach Belieben mit etwas Eis) mit dem Pürierstab oder im Mixer kurz püriert und in Gläsern mit einem Strohhalm dekoriert serviert.

Tipp:
Man kann Fruchteis nach Wunsch zufügen, dann wird aus dem Milchshake ein Smoothie!

Gute-Laune-Müsli

Zutaten für 2 Portionen:

2 gehäufte EL Haferflocken
Saft von 1/2 Orange
1 Apfel
Saft von 1/2 Zitrone
150 g Joghurt
1 EL Sahne
8 Walnusshälften
2–3 EL Ahornsirup

1) Die Haferflocken mit dem Orangensaft mischen und nach Belieben etwa 10 Minuten einweichen lassen.

2) Den Apfel waschen und grob raspeln, sofort mit dem Zitronensaft mischen, damit er nicht dunkel wird. Die Walnüsse in einer Pfanne ohne Fett kurz anrösten (sie dürfen nicht braun werden, sonst schmecken sie bitter), vom Herd ziehen und zum Abkühlen auf einen Teller schütten, grob hacken.

3) Die Haferflocken mit dem Joghurt verrühren und den Apfel samt dem Zitronensaft dazugeben. Die mit dem Milchaufschäumer leicht geschlagene Sahne locker darunterziehen.

4) Das Müsli in einer Schale anrichten, die gerösteten Walnüsse darüberstreuen und den Ahornsirup darauf verteilen.

Wo sich überall Salz versteckt

Heute wollen wir herausfinden, was man mit Salz alles anstellen kann. Ihr wisst ja: Salz ist das weiße körnige Gewürz, das in fast allen Gerichten vorkommt. Und selbst in süße Sachen und einen guten Kuchen gehört eine Prise Salz!

Aber woher kommt das Salz eigentlich? Man kann es entweder aus Meerwasser gewinnen oder tief unter der Erde in Salzstollen abbauen, wie Eisen oder Kupfer. Früher hieß es auch »weißes Gold«, denn Salz ist sehr wichtig, weil der Mensch es zum Leben braucht. Salz kann der Körper – wie andere Mineralien auch – nicht selbst herstellen, doch es ist entscheidend für das Funktionieren des Stoffwechsels und für den Aufbau von Enzymen und Zellstrukturen. Wenn wir schwitzen, verlieren wir Salz, und es muss aus der Nahrung wieder aufgenommen werden. Auch Tiere brauchen Salz, deshalb gibt es auf Bauernhöfen einen Salzstein, an dem Kühe oder Ziegen lecken können.

Salz unterstreicht und hebt den Geschmack der Speisen: Kein Wunder also, dass es die Redensart gibt: »Das ist das Salz in der Suppe.« Damit meint man: Das ist das gewisse Etwas, das sonst fehlen würde. Aber ihr kennt sicher auch die Redensart: »Jemandem die Suppe versalzen«. Das bedeutet: Jemanden an etwas hindern oder seine Pläne durchkreuzen. Denn allzu viel vom Salz macht das Essen ungenießbar. Wenn man zu viel Salz ins Essen gibt, kann es ganz schön scheußlich schmecken. Die meisten Fertigprodukte sind heute sehr stark gesalzen: Die Fertigpizza, die Tütensuppe, Konservenware. Das ist schade, weil man dann nur noch das Salz schmeckt, und außerdem ist zu viel Salz auch ziemlich ungesund. Gehen wir also der Sache auf den Grund.

Es gibt beim Salz unterschiedliche Sorten zu kaufen: Steinsalz und Meersalz, grobkörniges oder feinkörniges Salz, und das *fleur de sel* (übersetzt heißt das »Salzblüte«). Letzteres ist die oberste kristalline Schicht des Meerwassers, die entsteht und täglich abgeschöpft wird, wenn das Wasser verdunstet ist. *Fleur de sel* hat eine knusprige Konsistenz und schmeckt sehr fein nach Meer. Salz schmeckt immer wieder anders, denn es wird gern mit allen möglichen anderen Gewürzen und Zutaten kombiniert. Macht den Geschmackstest!

Dafür bittet ihr einen Erwachsenen, lauter salzige Dinge in verschiedene Schälchen zu legen: Beispielsweise Gurkenstückchen mit Salz, Salzbrezeln, Wurststücke, Käse, Salzlakritz und vielleicht sogar *fleur de sel.*

Lasst euch die Augen verbinden und nehmt dann immer aus einem der Schälchen etwas heraus. Vor jeder neuen Geschmacksprobe trinkt einen Schluck Wasser. Kaut ganz langsam.

Wo auf der Zunge fühlt es sich salzig an? Und was schmeckt ihr noch? Ist das scharf, mild, sauer? Ist etwas vielleicht zu salzig? Am Schluss probiert ein Gurkenstück ohne Salz – und ihr werdet spüren, wie angenehm das ist nach all den salzigen Sachen.

Wenn ihr diesen Geschmackstest durchgeführt habt, dann werdet ihr in Zukunft genau merken, ob zu viel Salz im Essen ist. Dann kann man nämlich den eigentlichen Geschmack gar nicht mehr erkennen. Lasst euch die Suppe nicht versalzen!

September

Marktfrisch kaufen oder selber ernten!

Der Anbau von Obst und Gemüse ist mittlerweile weitgehend zu einer Industrie geworden. In Treibhäusern und großen Freiland-Kulturen werden beim ertragsorientierten Intensiv-Anbau große Mengen produziert. Kinder betrachten diese Erzeugnisse heute meist völlig losgelöst vom Entstehungsprozess. Sie wissen oft nicht, wie eine Apfelblüte aussieht oder welche Kräuter wild wachsen. Allein schon die Idee, dass man einfach in die freie Natur gehen kann, um etwas Essbares zu suchen, wird sie in Erstaunen versetzen. Jetzt im September kann man einige Früchte und Kräuter selbst ernten, und Sie sollten sich nicht entgehen lassen, mit Ihren Kindern auf Erkundungstour zu gehen. Vieles findet man in Wald und Feld, was im Supermarkt nicht zu haben ist: Zum Beispiel Löwenzahn. Aus den zarten jungen Blättern und einer Vinaigrette kann man Löwenzahnsalat mit kross gebratenen Speckstreifen und porchiertem Ei machen und diesen mit einer Garnitur aus Gänseblümchen verzieren, die ebenfalls essbar sind. Gut schmecken auch Sauerampfer, Spitzwegerich und andere Wildkräuter. Wacholderbeeren wachsen in manchen Gegenden wild. Und manche Nüsse sind schon reif, ebenso wie einige Esskastaniensorten. Pilze sammeln gehört zu den Königsdisziplinen. Am besten werden Sie fündig einen Tag nach längerem Regen, denn danach sprießen die Pilze sprichwörtlich aus dem Boden. Wiesenchampignons und Pfifferlinge sind mithilfe eines kleinen Bestimmungsbuchs leicht zu erkennen, doch vorsichtshalber sollten Sie vor dem Verzehr der selbst gesammelten Pilze immer eine der Pilzstationen konsultieren, die es in jeder Stadt gibt, um Verwechslungen mit Giftpilzen zu vermeiden. Wenn sie unsicher sind, ob Sie Essbares von Nichtessbarem unterscheiden können, erkundigen Sie sich nach Bauernhöfen in der Nähe, wo Sie Äpfel selbst pflücken können. Bereits im August sind Sorten wie Gravensteiner und James Grieve reif, im September folgen Cox, Elstar und Jonathan, im Oktober werden Boskop, Gloster und Golden Delicious geerntet. Hinzu kommen Apfelsorten, die immer mehr in Vergessenheit geraten,

Ernteausflüge durch Wald und Feld - alles Selbstgeerntete ist etwas ganz Besonderes.

weil das Angebot im Laufe der letzten Jahrzehnte aus Marketinggründen drastisch verkleinert wurde: Zum Beispiel der säuerliche Weiße Klarapfel (er ist der erste, der bei uns reif wird), oder der hocharomatische Berlepsch, eine alte deutsche Apfelsorte, die extrem viel Vitamin C enthält. Kleinere Sorten und Früchte, die nicht immer makellos rund sind und schnell Flecken bekommen, werden systematisch vernachlässigt, obwohl ihr Geschmack oft viel intensiver und interessanter ist. Deshalb hat sich sogar eine Initiative gebildet, die so genannten Pomologen, deren Ziel es ist, (fast) vergessene Apfelsorten zu fördern.

Wenn Sie auf einen Ernteausflug gehen, packen Sie Gummistiefel ein, denn im Wald ist es jetzt meist feucht. Nehmen Sie einfache Weidenkörbe zum Sammeln mit, darin bleibt alles sauber und trocken. In Plastiktüten dagegen fangen die Früchte und Kräuter schnell an zu schwitzen. Die Pilze legen Sie am besten zusätzlich in ein sauberes Leinentuch. Und vergessen Sie nicht, ein bisschen Brot und Käse mitzunehmen für ein schnelles Picknick zwischendurch.

Alles, was selbst geerntet oder gepflückt wurde, ist etwas ganz Besonderes. Überlegen Sie gemeinsam mit Ihren Kindern, was Sie mit Ihrer Ernte anfangen wollen. Apfelkuchen mit Walnüssen? Apfeleis? Den Griesflammeri mit karamellisierten Äpfeln (siehe Rezept Seite 182)? Oder die Rohrnudeln (siehe Rezept Seite 212)? Lassen Sie sich von Ihrem Ernteausflug inspirieren. Abgebürstete, in Butter angebratene Pilze sind übrigens eine feine Füllung für Pfannkuchen. Und falls Sie Beeren gepflückt haben, können Sie als Dessert aus Naturjoghurt und Honig einen feinen Beerenjoghurt anrühren.

Semmelknödel mit Pfifferlingsrahmsauce

Zutaten für 4 Personen:

Für die Semmelknödel:

4 altbackene Semmeln (Brötchen)
150 ml lauwarme Milch
Salz, Pfeffer aus der Mühle
frisch gemahlene Muskatnuss
1 mittelgroße Zwiebel
1 EL gehackte glatte Petersilie
1 EL Butter
2 Eier

Für die Pilze:

300 g Pfifferlinge, geputzt, gewaschen und trockengetupft
2 Frühlingszwiebeln
1 kleine Knoblauchzehe
100 ml Sahne
20 g kalte Butter
etwas Butter zum Anschwitzen
2 EL gehackte glatte Petersilie
Salz

Für die Brösel:

2 EL Butter
1 EL Semmelbrösel

1) Die Semmeln in grobe Würfel schneiden und in eine Schüssel geben. Lauwarme Milch dazugießen, salzen, pfeffern und etwas frische Muskatnuss darüberreiben.

2) Die Zwiebel in kleine Würfel schneiden, Petersilie waschen und fein hacken. Butter erhitzen und die Zwiebelwürfel darin glasig anschwitzen, abkühlen lassen. Petersilie, Zwiebelwürfel und Eier zu den eingeweichten Semmeln geben und alles durchmischen. Das Ganze abdecken und durchziehen lassen.

3) Einen großen Topf mit Wasser aufsetzen. Aus der Masse ungefähr acht kleine Semmelknödel drehen, mit den Händen nachformen und in das sprudelnd kochende Wasser geben. Die Temperatur ein bisschen reduzieren, sodass das Wasser nur schwach köchelt. Wenn die Knödel an der Oberfläche schwimmen, noch etwa 15 Minuten ziehen lassen.

4) Für die Pilze die Frühlingszwiebeln und den Knoblauch in kleine Würfel schneiden, in einem Topf in etwas Butter anschwitzen. Die Pfifferlinge beigeben und mit der Sahne aufgießen. Das Ganze köcheln lassen, die Pfifferlinge mit Salz abschmecken und mit kalter Butter und Petersilie verfeinern.

5) Für die Brösel die Butter in einen kleinen Topf geben und aufschäumen lassen, die Semmelbrösel hineingeben und in der Butter hellbraun anrösten.

6) Die Pfifferlinge auf Tellern anrichten. Die Knödel mit der Schaumkelle aus dem Wasser holen und auf die Pilze setzen. Mit der Bröselbutter beträufeln und servieren.

Schatzsuche in der Natur

Die Pilzzeit weckt jedes Jahr aufs Neue mein Jagdfieber. Schon als Kind wurde ich zum Pilzesuchen geschickt. Der Wald begann direkt hinter unserem Haus, und ich hatte schnell heraus, wo welche Pilze wuchsen: Die Eierschwammerl zum Beispiel lieben feuchten Boden und verstecken sich meist unter Moos. Man muss nur das Moos vorsichtig anheben, und dann leuchtet einem schon die gelbe Farbe der Pfifferlinge entgegen. Auch mein Vater, der sehr naturverbunden war, hatte mir einige Tipps gegeben. Die besten Stellen wurden natürlich vor den anderen Kindern geheim gehalten, damit sie nicht ausgeplündert werden konnten.

Mein Favorit ist bis heute die Rotkappe. Einer meiner besten Freunde, Günther Rochelt, hat mich damit ganz schön verschaukelt: Wir brachen in aller Herrgottsfrühe auf in den Wald und gelangten nach einer längeren Wanderung an eine Stelle, wo etwa vierzig Rotkappen standen! Ich war ganz außer mir vor Freude. Bis mir auffiel, dass er sie dort alle extra für mich eingepflanzt hatte ...

Ein besonderes Erlebnis ist immer wieder die Trüffelsuche. Von Zeit zu Zeit besuche ich Cesare, einen befreundeten Koch, der in der Nähe von Alba wohnt. Beim letzten Besuch machte er mir gleich am ersten Abend einen Entensalat mit Pfirsichen und Kaiserling-Pilzen. Am nächsten Morgen ging es los. Es war unangenehm nasskalt, Nebelschwaden lagen zwischen den Bäumen, der Wald sah geradezu geheimnisvoll aus. Mit von der Partie war Cesares Hund, ein kleiner Mischling, der auf den schönen Namen »Witzigmann« hört und auf die Trüffelsuche abgerichtet ist. Sofort begann er, aufgeregt zu schnüffeln. Wir folgten ihm im Galopp durchs Unterholz und über Baumwurzeln hinweg. Wenn er bellend stehen blieb, fing Cesare an, vorsichtig zu graben. Und immer, wenn »Witzigmann« einen dieser kostbaren Pilze gefunden hatte, bekam er zur Belohnung ein Stück Zucker.

Natürlich ist die Trüffel immer noch eines der teuersten Küchenprodukte, vor allem die weiße. Schon als ich zu kochen begann, kostete das Kilo 1800 DM. Heute muss man 3800 Euro für ein Kilo weiße Trüffeln hinlegen. Aber mein Lieblingsgericht ist mit weißer Trüffel gemacht: Spiegelei, Rahmspinat, Trüffelschaum und darüber hauchdünn gehobelte weiße Trüffel. Einmal im Jahr, zur Saison Ende Oktober bis Ende Dezember, sollte man sich dieses besondere kulinarische Erlebnis gönnen.

Maiskolben mit Butter

Zutaten für 4 Personen:

4 Maiskolben (Zuckermais)
1/2 Tasse Milch
50 g Butter
Meersalz *(fleur de sel)*

Tipp:
An der schmalen Stelle zum Halten einen Zahnstocher reinstecken und aus der Hand essen!

1) Die Maiskolben von den äußeren Blättern und von den Fäden befreien, waschen.

2) In einem großen Topf reichlich Wasser zum Kochen bringen, 1/2 Tasse Milch dazugeben, die Maiskolben hineinlegen und etwa 12 Minuten kochen lassen (nicht salzen, sonst werden die Körner hart!).

3) Die Maiskolben herausnehmen, mit etwas zerlassener Butter übergießen und mit Meersalz würzen.

Muscheln à la marinière

Zutaten für 2 Personen:

1 kg Miesmuscheln
2 Schalotten
1 kleines Bund glatte Petersilie
80 g Butter
1 Bouquet garni, bestehend aus:
2–3 Petersilienstängeln und 1 kleinen Thymianzweig, mit einem Lauchblatt umwickelt und mit Küchengarn zusammengebunden
1 Lorbeerblatt
300 ml trockener Weißwein
schwarzer Pfeffer aus der Mühle

1) Die Muscheln sauber abbürsten (beschädigte und offene wegwerfen) und ein- bis zweimal kräftig in kaltem Wasser durchwaschen. Zum Abtropfen in ein Sieb geben.

2) Die Schalotten schälen und in feine Würfel schneiden. Petersilie waschen und nicht zu fein hacken.

3) In einen großen Topf 25 g Butter, das Bouquet garni, die gewürfelten Schalotten, das Lorbeerblatt und den Weißwein geben. Das Ganze 5–10 Minuten kräftig einkochen lassen.

4) Von den Muscheln den so genannten Bart entfernen, die Muscheln in den Sud geben (nur geschlossene Muscheln) und reichlich mit Pfeffer würzen. Kein Salz beigeben! Den Deckel auflegen und die Muscheln bei höchster Temperatur bis zum Aufspringen kochen lassen. Das dauert einige Minuten, dabei öfter am zugedeckten Topf rütteln!

5) Um die Muscheln optimal genießen zu können, ist es wichtig, sie nicht zu lange kochen zu lassen. Sobald die Muscheln geöffnet sind, diese mithilfe einer Schaumkelle in eine Schüssel heben (ohne Flüssigkeit). Ungeöffnete Muscheln wegwerfen. Die Schüssel mit einer Folie abdecken und warm stellen.

6) Den Muschelsud durch ein feines Sieb gießen, um auch den letzten Sand zu entfernen. Nochmals aufkochen, die restlichen eiskalten Butterstücke einschwenken und die vorbereitete Petersilie beigeben. Zum Schluss nochmals mit frisch gemahlenem schwarzem Pfeffer und eventuell mit etwas Salz abschmecken. Die Muscheln mit dem Sud begießen. Man kann einen Teil des Suds in kleine Tassen abfüllen und dazu schlürfen. Das Muschelfleisch wird mithilfe einer leeren Muschel herausgezupft und gegessen. Dazu passt frisches Baguette.

Tipp:
Den Bart der Muscheln erst kurz vor der Zubereitung entfernen. Andernfalls verliert die Muschel das Wasser und stirbt!

»Brain Food«

Esst euch schlau!

Zu den erstaunlichsten Erkenntnissen über unsere Ernährung gehört der Zusammenhang von Essen und geistiger Aktivität beim Menschen. »Brain Food« ist das griffige Schlagwort. Können aber Nahrungsmittel wirklich den IQ steigern, wie manche Forscher behaupten? Können sie für bessere Konzentration und mehr Leistungsfähigkeit sorgen?

Es sieht ganz danach aus. In großen Studien wurde belegt, dass bestimmte Stoffe in der Nahrung tatsächlich das Gehirn stimulieren. Stimmung, allgemeine Aktivität und sogar Ruhe und Nervosität werden durch die Ernährung beeinflusst. Das ist alles andere als Esoterik, denn man weiß heute sehr genau, wie die Gehirnaktivitäten durch Stoffwechselprozesse gesteuert werden. Der hohe Eisengehalt in Aprikosen beispielsweise hat eine erhöhte Sauerstoffversorgung des Gehirns zur Folge. Und Bitterschokolade mit einem Kakaoanteil von mindestens 70 % enthält sowohl den Wachmacher Theobromin als auch Serotonin, einen zerebralen Botenstoff, der die Laune hebt. Eier sind wahre Alleskönner: Das enthaltene Riboflavin unterstützt die Gehirnaktivität, durch Cholin wird gleichzeitig die Konzentrationsfähigkeit gefördert. Außerdem haben sie einen hohen Vitamin-B-Gehalt, der eine Schlüsselrolle für das Denken spielt. Enthalten sind die B-Vitamine auch in Vollkornbrot, Bierhefe und in Hülsenfrüchten. In der Altersforschung hat man herausgefunden, dass Peperoni und auch Pfeffer die Gehirntätigkeit anregen, weil die Inhaltsstoffe den Gehirnstoffwechsel positiv beeinflussen.

Wenn man bedenkt, was Kinder im Laufe eines Schulalltags leisten müssen, liegt es nahe, sich mit diesem Thema intensiv auseinander zu setzen. Es ist schlicht fahrlässig, sie ohne Frühstück oder mit einem Süßigkeitenvorrat in die Schule zu schicken, wenn man weiß, wie hilfreich die richtige Ernährung für sie sein kann. Dabei ist es alles andere als kompliziert, einige Dinge zu beachten. Nüsse zum Beispiel liefern alle Voraussetzungen für einen hellen Kopf. B-Vitamine, Magnesium und Eiweiß machen den Weg frei zu schnellerem Denken, genauso wie der Botenstoff Lecithin. Geben Sie Ihren Kindern Mandeln, die die geistige Energie steigern, oder Trockenfrüchte als Snack mit in die Schule.

Im Unterschied zu Stoffen, die sich langfristig auf die Gesundheit auswirken, hat »Brain Food« einen Sofort-Effekt. Das bedeutet, dass sich die Auswirkungen unmittelbar in den Stunden nach der Nahrungsaufnahme zeigen.

Eine besondere Rolle spielt das Trinken, denn eine ausreichende Versorgung mit Flüssigkeit hat einen sehr großen Einfluss auf das Denkvermögen. Geben Sie Ihren Kindern auf keinen Fall winzige Saftpäckchen mit zur Schule, sondern eine große Flasche Mineralwasser. Vielleicht können Sie auch in Absprache mit dem Klassenlehrer und den anderen Eltern organisieren, dass immer ein Kasten mit Mineralwasser im Klassenraum steht, der abwechselnd von den Eltern gekauft wird.

Selbst bemaltes Koch-T-Shirt

Wenn Saucen gerührt werden oder stark färbendes Obst wie Erdbeeren zerteilt werden muss, bleiben Flecken auf der Kleidung meist nicht aus. Es gibt sehr hübsche Schürzen, extra für Kinder, und es gibt auch weiße Kinder-Schürzen, die sie prima selbst bemalen können.
Witzig ist auch ein selbst bemaltes T-Shirt, das ruhig Spuren von Flecken bekommen kann – schließlich zeigt das, dass die Kinder in der Küche aktiv sind.

Kaufen Sie ein weißes T-Shirt und Textilfarben. Lassen Sie Ihre Kinder auf einem Blatt Papier eine Zeichnung machen, zum Beispiel mit Früchten oder Küchengeräten. Schön bunt kann das alles sein. Nun übertragen Sie die Konturen der Zeichnung auf das T-Shirt und die Kinder können alles bunt ausmalen.

Seeteufel

Zutaten für 4 Personen:

1 ganzer Seeteufel (etwa 1 kg), küchenfertig vorbereitet (ohne Haut, Bruttogewicht: ca. 1,4 kg)
4 EL Olivenöl
2–3 Knoblauchzehen in der Schale, angeklopft
20 g Butter
1 Rosmarinzweig oder 2 Thymianzweige
Salz, schwarzer Pfeffer aus der Mühle

Für die Vinaigrette:

120 g Cocktailtomaten
100 g rote Paprika, geputzt und geschält
100 g gelbe Paprika, geputzt und geschält
1 Zitrone
1 TL Kapern
10 EL Olivenöl
1 Zweig Thymian, Blättchen abgezupft
1 kleines Lorbeerblatt
Meersalz
15 Korianderkörner
10 Fenchelsamen
15 Kapernäpfel (aus dem Glas)

1) Den Backofen auf 180 °C (Umluft) vorheizen. Den Seeteufel ohne Haut mit Salz und Pfeffer würzen. Das Olivenöl in einem großen ovalen Bräter erhitzen. Den Fisch und den angedrückten Knoblauch einlegen und von beiden Seiten jeweils 3 Minuten anbraten. Butter dazugeben, immer wieder mit dem Bratfett übergießen. Den Rosmarinzweig auf den Seeteufel legen und im vorgeheizten Backofen etwa 20 Minuten garen.

2) Die Tomaten vierteln, Kerne entfernen und das Fleisch in kleine Würfel schneiden. Die beiden geschälten Paprikasorten ebenfalls gleichmäßig klein würfeln.

3) Die Zitrone schälen, Schale rundherum mitsamt der weißen Haut abschneiden und die einzelnen Filets herausschneiden. Zitronenfilets klein würfeln, vorsichtig mit Tomaten- und Paprikawürfeln mischen. Kapern, Olivenöl, abgezupfte Thymianblättchen und das Lorbeerblatt dazugeben, mit Meersalz und Pfeffer abschmecken.

4) Die Korianderkörner und Fenchelsamen in einer Pfanne ohne Fett kurz erwärmen und anschließend im Mörser zerstoßen. Die Vinaigrette damit verfeinern.

5) Den Seeteufel aus dem Ofen nehmen und mit der Vinaigrette beträufeln. Mit den Kapernäpfeln dekoriert sofort servieren. Dazu passt knuspriges Baguette und Fenchelpüree.

Fenchelpüree

Zutaten für 4 Personen:

300 g Fenchel
80 g Lauch (nur der weiße Teil)
100 g mehlig kochende Kartoffeln
20 g Butter
Salz, Pfeffer aus der Mühle
100 ml Gemüse- oder Geflügelfond
1 Spritzer Pernot, 1 EL Sahne

1) Fenchel und Lauch waschen und putzen. Den Fenchel achteln, den Lauch in feine Streifen schneiden. Kartoffeln schälen und würfeln. Den Ofen auf 120 °C vorheizen.

2) Fenchel und Lauch in Butter farblos anschwitzen, salzen und pfeffern. Die Kartoffeln zugeben, dann den Fond angießen. Das Gemüse zugedeckt im Ofen in etwa 45 Minuten dünsten. Herausnehmen, pürieren, abschmecken und nach Belieben den Pernot sowie die geschlagene Sahne unterrühren.

Tomaten mit Reisfüllung

Zutaten für 4–6 Personen:

8–10 vollreife, feste Tomaten (je 140 g)
Salz, weißer Pfeffer aus der Mühle, Zucker

4 EL Olivenöl
50 g Staudensellerie, fein gewürfelt
3 Knoblauchzehen, angedrückt
1–2 EL Tomatenmark
4–5 Zweige Basilikum
2 Zweige Thymian
2 Lorbeerblätter
2 Stück Würfelzucker
1 Prise Zucker
100 g kleine weiße Zwiebeln, längs in Streifen geschnitten

150 g italienischer Rundkornreis
150 g Steinpilze, Shiitake oder Egerlinge
75 g Weißbrot vom Vortag
6 EL Olivenöl
1 Schalotte, fein gewürfelt
1–2 Knoblauchzehen, fein gewürfelt
1 TL gehackte glatte Petersilie
Saft von 1/2 Zitrone
50 g weiße Zwiebel, fein gewürfelt
50 g Staudensellerie, fein gewürfelt
150 g Kochschinken, fein gewürfelt
300 g rohe Bratwurstmasse (beste Qualität!)
1 EL frische Kräuter (Petersilie, Oregano, Basilikum, Thymian), gehackt
frisch geriebene Muskatnuss

Tipp:
Sie können auch Paprika anstatt Tomaten füllen!

1) Von den Tomaten jeweils einen Deckel abschneiden und die Früchte vorsichtig aushöhlen: Das Fruchtfleisch für die Sauce auffangen. Die Tomaten leicht mit Salz, Pfeffer und Zucker würzen und beiseite stellen.

2) Für die Tomatensauce 3 EL Öl erhitzen. Sellerie und Knoblauch darin anschwitzen, das Tomatenmark samt Kräutern und Würfelzucker zufügen, salzen, pfeffern und das Tomatenfruchtfleisch unterrühren. Das Ganze aufkochen, 20 Minuten köcheln lassen, durchpassieren und abschmecken. Das restliche Öl erhitzen, die Zwiebeln darin anschwitzen und mit der Tomatensauce aufgießen. Köcheln lassen, bis die Zwiebeln gar sind, aber noch nicht zerfallen.

3) Den Reis etwa 8 Minuten in Salzwasser kochen, in einem Sieb kalt abbrausen und abtropfen lassen. Den Ofen auf 170 °C vorheizen. Die Pilze abbrausen, putzen und hacken.

4) Das Weißbrot in Scheiben schneiden und mit Wasser anfeuchten. Die Tomaten umgekehrt auf einem Gitter abtropfen lassen. 2 EL Olivenöl in einer beschichteten Pfanne erhitzen. Schalotte und Knoblauch darin anschwitzen, ohne Farbe nehmen zu lassen. Die Pilze zufügen, andünsten, mit Petersilie, Salz, Pfeffer und Zitronensaft würzen und auskühlen lassen. Erneut etwas Öl erhitzen. Zwiebel, Sellerie und Schinken darin anschwitzen, aber keine Farbe nehmen lassen, abkühlen lassen.

5) Die Bratwurstmasse mit dem ausgedrückten Brot, der Pilz- und der Schinkenmasse sowie Reis und Kräutern in einer Schüssel zu einer homogenen Masse vermischen. Mit Salz, Pfeffer und Muskat abschmecken, in die Tomaten füllen und dabei oben etwas anhäufen. Restliches Olivenöl in eine ofenfeste Form (am besten aus Ton) geben, die Tomaten nebeneinander hineinstellen und bei 170 °C in den Ofen schieben. Nach 40 Minuten die Temperatur auf 150 °C herunterschalten, die Tomatensauce zufügen und die Tomaten häufig damit übergießen. Weitere 20 Minuten garen. 10 Minuten vor Ende der Garzeit die Tomatendeckel auflegen und die Oberhitze auf 220 °C erhöhen.

6) Die Tomaten vor dem Servieren 5 Minuten ruhen lassen, dann mit der Sauce auf vorgewärmten Tellern anrichten.

Ganzes Hähnchen
mit Kartoffeln und Kompott

Zutaten für 4 Personen:

1 Hähnchen (etwa 1,2 kg)
400 g kleine Biokartoffeln
frische Petersilie und frischer Majoran
20 g Butter, in kleinen Würfeln
Salz, Paprika
Olivenöl
150 g Perlzwiebeln
10 Knoblauchzehen

Für das Kompott:
50 g getrocknete Aprikosen
50 g getrocknete Zwetschgen
250 g Äpfel (2 Stück)
100 g Zucker, 1 EL Butter
1 Vanilleschote, 1 Sternanis, 1 Zimtstange
Schale von je 1 unbehandelten Zitrone und Orange
100 ml lieblicher Weißwein

1) Den Ofen auf 180 °C vorheizen. Das Hähnchen von innen und außen gründlich waschen und trockentupfen. Die Kartoffeln waschen, aber nicht schälen. Je nach Größe halbieren oder vierteln. Petersilie und Majoran ebenfalls waschen, trockenschütteln und die Blättchen abzupfen. Das Hähnchen mit den Kräutern und mit der Butter füllen. Die Öffnung mit Holzspießchen zustecken, Flügel und Unterschenkel fest an den Hähnchenkörper legen und mit Küchengarn festbinden. Hähnchen mit Salz, Paprika und Olivenöl einreiben.

2) Das Hähnchen auf eine Bratreine legen. Die Perlzwiebeln schälen und kurz blanchieren. Dann die Zwiebeln mit den leicht angeklopften Knoblauchzehen und den Kartoffeln rund um das Hähnchen verteilen. Die Reine in den Ofen schieben und das Fleisch in etwa 1 Stunde und 15 Minuten goldbraun braten, dabei immer wieder mit Bratensaft begießen.

3) In der Zwischenzeit für das Kompott die Aprikosen und die Zwetschgen halbieren. Die Äpfel schälen, halbieren, dabei vom Kerngehäuse befreien und in Spalten schneiden. In einer Pfanne Zucker und Butter schmelzen lassen, Äpfel dazugeben und in 2–3 Minuten darin glasieren.

4) Die Vanilleschote mit einem scharfen Messer der Länge nach halbieren und das Mark herauskratzen. Vanillemark samt -schote, Sternanis, Zimtstange, abgeriebener Zitronen- und Orangenschale, Aprikosen und Zwetschgen in die Pfanne zu den Äpfeln geben. Das Ganze mit Weißwein ablöschen und kurz aufkochen, dann abkühlen lassen. Das fertige Hähnchen aus dem Ofen nehmen und mit dem Kompott servieren.

Der große Reifetest

Geht mit euren Eltern auf einen Wochenmarkt und versucht, zwei oder drei verschiedene Apfel-Sorten zu bekommen: säuerliche und süße. Außerdem macht euch auf die Suche nach Tomaten. Es gibt viele verschiedene Sorten, zum Beispiel Eiertomaten, Strauchtomaten, Kirschtomaten, Datteltomaten oder Fleischtomaten.

Ihr denkt vielleicht, dass Äpfel und Tomaten immer irgendwie gleich schmecken. Weit gefehlt! Es gibt große Unterschiede, die ihr jetzt mal testen könnt. Der Säuregrad der Früchte ist sehr unterschiedlich, und sie haben je nach Sorte auch unterschiedliche Aromen. Zu Hause spült ihr die Äpfel und die Tomaten gut ab und teilt sie in Stücke. Probiert davon: Ist es nicht verblüffend, dass Kirschtomaten richtig süß schmecken und ein Apfel so sauer sein kann, dass wir unwillkürlich das Gesicht verziehen?

Aber es gibt nicht nur süß und sauer. Manche Äpfel schmecken wässriger, andere leicht bitter. Und manche Äpfel erinnern sogar an Gummibärchen. Bei den Tomaten gibt es auch ausgesprochen wässrige Exemplare, während Eier- und Cocktailtomaten sehr intensiv schmecken.

Entscheidend für den Geschmack ist der Reifegrad. Unreife Früchte sind nicht nur weniger lecker, viele der wertvollen Inhaltsstoffe haben sich auch noch gar nicht entwickelt. Leider werden viele Apfel- und Tomatensorten unreif gepflückt, um die langen Transportwege besser zu überstehen.

Aber jedes Essen ist nur so gut wie die Qualität der Zutaten, das gilt auch für die Reifung. Besser ist es daher, Produkte aus der Nähe zu kaufen.

Die Spezialisten unter euch machen natürlich auch noch den Blind-Test: Mit verbundenen Augen versucht ihr, einzelne Sorten herauszuschmecken. Interessant ist es, Apfelstückchen mit etwas frischem Zitronensaft zu beträufeln: Das Aroma verändert sich sofort. Zudem verhindert der Zitronensaft, dass die Äpfel sich braun verfärben.

Zum Schluss nennt jeder seine Lieblingssorte der Äpfel und Tomaten. Beim nächsten Einkauf wisst ihr dann ganz genau, was ihr wollt!

Grießflammeri mit Äpfeln

Zutaten für 6 Portionen:

450 ml Milch
1 Vanilleschote
60 g Butter
80 g Zucker
120 g Weichweizengrieß
4 Eigelbe
4 Eiweiße
Butter für die Förmchen

Für die Äpfel:

400 g säuerliche Äpfel
1 EL Zucker
1 Spritzer Zitronensaft
1 Schuss Apfelsaft
1 Flocke kalte Butter

Außerdem:

6 feuerfeste Förmchen

1) Die Milch mit der aufgeschlitzten Vanilleschote, mit 10 g der bereitgestellten Butter und mit der Hälfte des Zuckers aufkochen lassen. Die Schote herausnehmen, und das Mark in die Milch schaben.

2) Den Backofen auf 160 °C (Umluft) vorheizen.

3) Grieß langsam in die Milch einrieseln lassen und unter ständigem Rühren in etwa 5 Minuten ausquellen lassen. Den Grießbrei von der Kochstelle ziehen, und die Eigelbe nach und nach unterrühren. Abkühlen lassen.

4) Die Eiweiße mit dem restlichen Zucker zu steifem Schnee schlagen und vorsichtig unter die Grießmasse heben.

5) Die Förmchen ausbuttern und die Grießmasse hineinfüllen. Die Flammeri im vorgeheizten Ofen etwa 45 Minuten goldbraun backen. Nach 30 Minuten Backzeit die restliche Butter in Flöckchen auf den Förmchen verteilen, mit etwas Zucker bestreuen und noch kurz überbacken.

6) Die Äpfel schälen, vierteln (Kerngehäuse dabei entfernen) und in Spalten schneiden. Den Zucker in einen Topf geben und karamellisieren lassen, mit einem Spritzer Zitronensaft sowie dem Apfelsaft ablöschen. Die Äpfel beigeben, leicht Farbe nehmen lassen, dann mit der Butter abbinden.

7) Die karamellisierten Äpfel mit den aus der Form gestürzten Flammeri anrichten und sofort servieren.

Genau genommen ist dies ein Rezept für einen verfeinerten Grießauflauf, den man natürlich auch in einer großen feuerfesten Form zubereiten kann. Wenn man ihn in kleinen Förmchen, die man für Grießflammeri verwenden würde, serviert, sieht er viel attraktiver aus. Und nicht nur Kinder freuen sich darüber! Wer möchte, kann die Äpfel mit einem Stück Zimtstange oder Vanilleschote zubereiten.

Oktober

Gruselige Zeiten

kulinarische Halloween-Feste:
Entdecken Sie die Magie des Essens!

Der Oktober hat viele Gesichter, vom ersten Herbststurm bis zu sonnigen Tagen, an denen es noch einmal warm wird. Doch, auch wenn der Winter noch weit ist – die Tage werden kürzer, es wird früher dunkel und die erste Kälte lässt uns Mützen und Schals aus den Schubladen holen.

Um den Herbst zu feiern, hat sich in den letzten Jahren »Halloween«, der amerikanische Brauch mit keltischen Wurzeln, auch bei uns durchgesetzt. Halloween spielt mit der Lust am Gruseligen, mit finsteren Gestalten, denen gleichzeitig der Schrecken genommen wird, weil wir auch über sie lachen können. Wenn Kinder sich als Zauberer, Hexen oder Skelette verkleiden, lernen sie, mit Ängsten umzugehen, und so wird Licht in das Dunkel gebracht.

Ein Halloween-Fest vorzubereiten macht mindestens so viel Spaß wie die Party selbst. Überlegen Sie sich besonders gruselige Verkleidungen, basteln Sie gruselige Tischdekorationen und werden Sie erfinderisch, was gruseliges Essen betrifft. Schmücken Sie die Wohnung mit ein paar künstlichen Spinnweben und machen Sie nicht zu viel Licht. Eine Stehlampe in der Ecke reicht, dazu ein paar Kerzen an sicherer Stelle, und sofort bekommt die vertraute Umgebung einen angenehmen Gänsehauteffekt.

Wenn Sie Kinder zur Halloween-Party einladen, überlegen Sie sich einen Ablauf, der Spannung aufbaut. Eine Party könnten Sie mit einem »Zaubertrank« beginnen, der die Kinder stark macht: Das kann ein roter Fruchtsaft sein, den Sie »Draculas Elixier« nennen. Dazu servieren Sie »Gruselfinger«, Würstchen, die vorn eingeschnitten und mit einer halben abgezogenen Mandel dekoriert werden. Machen Sie ein paar Spiele, bei denen nur geflüstert wird. »Stille Post« zum Beispiel ist ein Klassiker, der immer wieder für Begeisterung sorgt: Die Kinder setzen sich im Kreis auf den Boden, eines denkt sich ein Wort aus und flüstert es dem Nachbarn ins Ohr. Der flüstert es dem nächsten Nachbarn ins Ohr – und der letzte Mitspieler nennt am Ende laut das Wort, das sich inzwischen ganz schön verändert hat. Eine Schauergeschichte, bei Kerzenschein vorgelesen, regt die Fantasie an.

Dann ist es an der Zeit, die Wohnung zu verlassen, um einen Schatz zu suchen oder bei einem Gang durchs Wohnviertel mit dem Schlachtruf »Süßes oder Saures!« ein paar Süßigkeiten zu erbeuten. Weihen Sie Nachbarn ein oder auch den Pizzabäcker um die Ecke, den Sie mit ein paar Kleinigkeiten zum Verteilen ausstatten. Kinder lieben es, in Verkleidung durch die Gegend zu huschen und sich am Staunen der Erwachsenen zu freuen. Oder Sie inszenieren eine Schatzsuche: Malen Sie eine Schatzkarte, die bei Kerzenlicht entfaltet wird. Der Schatz kann ein schlichter Pappkarton mit Plastikspinnen und ein paar Süßigkeiten sein, den Sie auf dem Dachboden, im Keller oder einfach im dunklen Hausflur verstecken. Besorgen Sie ein paar Taschenlampen, damit die Suche ein Abenteuer wird.

Nach diesen Aufregungen beschließen Sie die Party mit einem Essen. Gut eignet sich eine Kürbissuppe, die Sie in einem ausgehöhlten Kürbis auf den Tisch bringen. Dazu warmes Ciabattabrot – mehr brauchen die Kinder bei all der Aufregung nicht. Als Nachtisch können Sie einen Wackelpudding vorbereiten, in dem sich allerlei Merkwürdiges verbirgt, zum Beispiel kleine Brausebonbons oder Lakritzschnecken.

Halloween ist eine Gelegenheit, besonders spielerisch mit Essen umzugehen. Auch wenn wir noch den Satz im Ohr haben, dass man nicht mit Essen spielt – hier geht es um fantasievolle Dekorationen und verrückte Namen. Denken Sie sich mit Ihren Kindern etwas aus und variieren Sie beispielsweise die Tapas vom Karnevalsbüfett: Aus den Lammbällchen (siehe Rezept Seite 195) können so Zauberkugeln werden, die unverwundbar machen. Entdecken Sie die Magie des Essens. Ihre Kinder werden noch lange von diesem Ereignis sprechen.

kürbissuppe mit kokosmilch

Zutaten für 4 Personen:

650 g Muskatkürbis (geputzt: 450 g)
500 ml Geflügelbrühe
150 ml Sahne
40 g kalte Butter
50 ml angeschlagene Sahne
Salz, schwarzer Pfeffer aus der Mühle
1 Prise Zucker
1/2 Bund Koriander
2 EL Kokosmilch

1) Den Kürbis schälen, die Samen entfernen und das Kürbisfleisch klein schneiden.

2) Die Geflügelbrühe in einen Topf geben und aufkochen lassen. Den klein geschnittenen Kürbis dazugeben und das Ganze zugedeckt bei mittlerer Hitze weich kochen.

3) Mit einem Pürierstab die Kürbissuppe pürieren und mit der flüssigen Sahne aufgießen. Die Suppe wieder zurück auf den Herd stellen und einmal aufkochen lassen.

4) Die heiße Suppe mit der kalten Butter aufmixen und mit Salz, Pfeffer und Zucker abschmecken. Den Koriander waschen, trockenschütteln und die Blättchen fein hacken.

5) Die leicht geschlagene Sahne unter die Suppe ziehen und in vorgewärmten Tellern anrichten. Mit etwas Kokosmilch beträufeln und mit dem fein gehackten Koriander bestreuen.

Tipp:
Die Kürbissuppe kann zusätzlich noch mit Curry, Ingwersirup und Muskat oder mit etwas Kürbiskernöl verfeinert werden. Geröstete Buttercroûtons, mit einem Hauch Zimt verfeinert, passen auch ganz hervorragend dazu.

Ein Rezept mit Geschichte

Familiengerichte, die ganz speziell sind:
Geschichten um das Lieblingsessen'
Nur so entsteht das Gefühl für Identität.

Die Hausmannskost verschwindet, so liest man immer wieder. Statt Eintopf oder Königsberger Klopsen kennen Kinder heute Pizza und Pasta, oder Fast Food. Woran das liegen mag? Gern wird behauptet, der Geschmack der Kinder habe sich halt verändert. In Wahrheit liegt der Grund aber in einem mangelnden Interesse am Kochen, und es fehlt häufig auch das Know-how.

Damit geht nicht nur eine abwechslungsreiche, individuelle Kochkultur verloren. Auch die Familientraditionen verschwinden dadurch. Zu früheren Zeiten gab es in jeder Familie Rezepte, die von Generation zu Generation weitergegeben wurden: Omas Apfelkuchen, die Weihnachtsgans oder der Osterschinken. Nichts gegen italienische Spezialitäten oder Asian Food. Die so genannte Lifestyle-Küche hat unseren Speisezettel ohne Frage bereichert und inspiriert zum Kochen mit neuen Produkten. Aber in der Realität des Alltags ist dieser Trend leider häufig als Fertigpizza und tiefgefrorenes Nasi-Goreng angekommen, auch wenn in manchen Familien mittlerweile fantasievoll experimentiert wird.

Hausmannskost hat zu Unrecht einen schlechten Ruf. Er rührt von der niedrigpreisigen Gastronomie her, wo ein womöglich minderwertiges Jägerschnitzel oft in einer Fertigsauce ertrinkt. Wenn Sie zu Hause traditionelle Rezepte nachkochen, haben Sie es selbst in der Hand, wie viel Butter Sie nehmen oder wie schwer die Saucen sind. Selbst einfachste Gerichte wie Spiegelei mit Spinat und Kartoffelbrei schmecken besser und sind gesünder als ein fetttriefender gekaufter Burger. Was ich heute als Großvater meinen Enkelkindern vermitteln möchte, ist eine Küche, die so einzigartig ist – wie die Familie, in der sie gepflegt wird. Dazu gehören die regionalen Besonderheiten wie Kaiserschmarrn oder Fleischpflanzerl, dazu gehört aber auch die Aura der Familiengeschichten, die mit manchen Gerichten verbunden ist. Wenn ich einen Osterschinken zubereite, kann ich erzählen, wie ich als Kind am Ostersamstag mit einem Körbchen zur Kirche ging, wo der Schinken beim Hochamt geweiht wurde. Oder ich kann berichten, wie wir als Kinder dem Weihnachtsessen entgegenfieberten. Heute wird viel zu wenig in den Familien gesprochen, Computer und Fernseher haben die Kommunikation übernommen. Doch ich kenne kein Kind, das nicht gern etwas »von früher« hört. Nur so entsteht das Gefühl für Identität. Mein Sohn Max war früh gewohnt, anders zu essen als seine Spielkameraden. Seine Leibspeise als Kleinkind waren Hechtklößchen. Später liebte er Kalbsleber mit schwarzer Trüffelsauce und Kartoffelpüree. Und da sage noch einer, Kinder würden nur Spaghetti mit Tomatensauce mögen. Nur das Krebspärchen, das eigentlich eine Suppe werden sollte, hat er mir heimlich entwendet, weil die Tiere ihm leidtaten.

Vor vielen Jahren habe ich im »Jockey Club« in Washington DC Seezunge Véronique zubereitet. Das ist ein Klassiker, eine pochierte Seezunge mit einer Vermouth-Crème-Sauce, leicht abgeflämmt, dazu säuerliche, abgezogene und entkernte Weintrauben: die ideale Harmonie zwischen Süße und Säure.

Ich war so begeistert, dass ich daraufhin meine Tochter Véronique nannte statt Daniela, wie wir es eigentlich vorhatten. Seitdem ist das Gericht in meiner Familie Tradition: Ein Essen mit Familiengeschichte.

Seezunge Véronique

Zutaten für 4 Personen:

2 Seezungen à 500–600 g, die Seezungenfilets vom Fischhändler vorbereiten lassen, Gräten mitnehmen (siehe Tipp)
20 g Butter
Meersalz und weißer Pfeffer aus der Mühle
1 Schalotte
100 ml trockener Weißwein
100 ml Fischsud (oder Wasser)

Für die Weißweinsauce:

20 g Butter
1 Schalotte, fein gewürfelt
100 g weiße Champignons
Saft von 1/2 Zitrone
100 ml trockener Weißwein
50 ml Noilly Prat
150 ml kräftiger Fischsud
200 ml flüssige Sahne
30 g kalte Butterstücke
1 EL geschlagene Sahne
Salz, Cayennepfeffer
etwas Zitronensaft
etwa 200 g weiße, säuerliche Weintrauben, gewaschen, entstielt, enthäutet, halbiert und entkernt

Tipp:
Um dieses Gericht zu verfeinern, gebe ich der Weißweinsauce etwas Sauce hollandaise bei und glasiere sie unter dem Salamander (oder unter den Grillschlangen des Backofens). Aus den Seezungengräten (etwa 1/2 Stunde wässern) wie üblich einen kurz gehaltenen Fischsud kochen.

1) Den Ofen auf 180 °C vorheizen. Die Seezungenfilets zwischen Klarsichtfolie legen, an der dicken Seite jeweils leicht anklopfen, die Filets aus der Folie nehmen und wieder zusammenklappen (die weiße Seite zeigt nach außen).

2) Eine flache feuerfeste Form mit Butter ausstreichen. Die Filets hineinlegen, mit Salz und weißem Pfeffer würzen. Die Schalotte fein schneiden, darüber verteilen und den Fisch mit Weißwein und Fischsud übergießen. Die Form mit Butterbrotpapier abdecken und die Filets im Ofen etwa 6 Minuten glasig ziehen lassen.

3) Die Seezungenfilets herausnehmen, auf einer Platte anordnen, mit Folie abdecken und warm stellen.

4) Die restliche Flüssigkeit aus der Form in einem kleinen Topf rasch bis zur Dickflüssigkeit einkochen lassen und für die Weißweinsauce zur Seite stellen.

5) Für die Weißweinsauce die Butter hell aufschäumen lassen, Schalottenwürfel und Champignons ohne Farbe anschwitzen, mit Zitronensaft beträufeln. Weißwein, Noilly Prat und Fischsud beigeben und fast gänzlich einkochen lassen. Die Reduktion mit der Sahne aufgießen und sämig einkochen lassen. Mit dem Pürierstab mixen und passieren. Dann die kalten Butterstücke einmixen, mit Salz, Cayennepfeffer und Zitronensaft abschmecken und einen großen Esslöffel geschlagene Sahne unterheben.

6) Die vorbereiteten Weintrauben in etwas Butter erwärmen. Die Seezungenfilets mit der luftigen Weißweinsauce begießen und die Weintrauben darüber verteilen. Mit Basmati-Reis oder feinen, hausgemachten Nudeln servieren.

Couscous mit Rosinen und Lammbällchen

Zutaten für 4 Personen:

Für die Lammbällchen:

300 g durchwachsenes Lammfleisch (aus der Schulter)
1 Knoblauchzehe
2 Msp. gemahlener Kümmel
1 TL gemahlener Koriander
3 EL gehackte rote Zwiebel
2 EL gehackte Pinienkerne
2 EL fein geschnittener frischer Koriander
Salz, Pfeffer
etwa 500 ml Olivenöl zum Frittieren

Für das Couscous:

100 g mittelfeiner Couscous
130 ml Hühnerbrühe
1 EL Olivenöl
20 g Rosinen
20 g kernlose helle Sultaninen
Salz und Pfeffer aus der Mühle

Für die Joghurtsauce:

8 EL Joghurt
150 g Salatgurke, geschält, entkernt und gewürfelt
1 Chilischote, entkernt und ganz fein geschnitten
1 EL Olivenöl
1 EL gehackter Koriander
Salz und schwarzer Pfeffer aus der Mühle
1/2 TL Zucker

4 dicke Scheiben Auberginen
100 g Kirschtomaten
Olivenöl zum Grillen
Salz, Pfeffer

1) Für die Lammbällchen: Das Lammfleisch von Sehnen und Silberhäutchen befreien. Das Fett vom Fleisch abschneiden, beides separat in sehr feine Würfel schneiden. Dann mit einem großen Messer die Fleischwürfel fein hacken. Fettwürfel ins Gehackte einarbeiten. Die restlichen Zutaten mit dem Lammhack vermengen. Mit Salz und Pfeffer abschmecken. Aus dem Lammhack kleine Kugeln rollen und bis zum Braten im Kühlschrank aufbewahren.

2) Das Couscous in eine Schüssel geben. Die Hühnerbrühe einmal aufkochen und das Couscous damit übergießen, Olivenöl dazugeben, verrühren. Rosinen und Sultaninen untermischen. Mindestens 20 Minuten ziehen lassen. Dabei gelegentlich mit einer Gabel auflockern, damit die Körner nicht aneinander kleben. Mit Salz und Pfeffer abschmecken.

3) Für die Joghurtsauce alle Zutaten verrühren, ein paar Gurkenwürfel für die Garnitur zurückbehalten und das Ganze mit Salz, Pfeffer und Zucker abschmecken.

4) Das Gemüse waschen, die Auberginenscheiben halbieren. In einer Grillpfanne in etwas Olivenöl von beiden Seiten langsam braten. Kirschtomaten am Schluss dazugeben, mit Salz und Pfeffer abschmecken.

5) Zum Frittieren das Olivenöl in einem kleinen Topf erhitzen und die Lammbällchen einige Minuten goldbraun frittieren, mit einer Schaumkelle herausnehmen und auf einem Küchenpapier abfetten lassen.

6) Lammbällchen mit Couscous und gegrillten Auberginen anrichten und mit der Joghurtsauce beträufeln, Gurkenwürfel darüberstreuen.

Der große Nusstest

Heute habt ihr eine harte Nuss zu knacken. Und zwar im wahrsten Sinne des Wortes! Überlegt mal, welche Nüsse ihr kennt. Bestimmt habt ihr schon mal Haselnüsse gegessen, die kleine runde Kerne haben, oder Walnüsse, deren Kerne, wenn sie ganz frisch gepflückt sind, die Finger braun färben. Vielleicht kennt ihr die Cashewnüsse auf dem Foto?

Heute eröffnen wir eine Nussbar. Ihr braucht dazu einen guten Nussknacker – jüngere Kinder sollten erst mal mit Erwachsenen üben, damit kein Finger geklemmt wird. Und dann haltet die Augen offen beim Einkauf: Haselnüsse und Walnüsse entdeckt ihr sicherlich schnell. Aber fragt auch nach Paranüssen, Macadamia-Nüssen, Mandeln und Erdnüssen, alle in der Schale. Die Erdnüsse könnt ihr mit bloßen Fingern knacken, ihre Schale ist weich. Wenn ihr sie herausgepellt habt, entfernt die feinen braunen Häutchen, falls ihr sie nicht mögt, und schon könnt ihr probieren. Nun holt die anderen Nüsse aus ihrer Schale und lasst euch dabei von einem Erwachsenen helfen, denn besonders Paranüsse, Macadamia und Mandeln sind wirklich harte Nüsse.

Verteilt jede Nusssorte auf einem Extrateller. Habt ihr euch gemerkt, wie sie heißen? Probiert mal die Nüsse und beschreibt, was ihr schmeckt. Manche schmecken bitterer, die Walnuss zum Beispiel, Mandeln schmecken dagegen richtig süß. Und Walnüsse schmecken am allerbesten, wenn ihr sie eine halbe Stunde in eine Schüssel mit kaltem Wasser und etwas Salz legt, bevor ihr sie esst.

Und nun? Richtig, jetzt lasst euch die Augen verbinden, die Teller werden vertauscht. Keine Sorge, bei diesem Geschmackstest gibt es einen guten Trick: Heute kommt euch der Tastsinn zu Hilfe. Schon eure Finger können euch nämlich verraten, welche Nuss ihr vor euch habt. Die kleinen, das sind Erdnüsse, die rubbeligen sind Walnüsse und Pistazien sitzen in glatten, muschelartigen Schalen. Vielleicht wisst ihr also schon, was ihr vor euch habt, wenn ihr eine Nuss in die Hand genommen habt. Wer die richtige Lösung herausgefunden hat, darf die erratene Nuss essen.

Crumble von Birnen, Aprikosen und Muskat-Weintrauben

Zutaten für 4 Personen:

Für die Streusel:

1 unbehandelte Zitrone
150 g Mehl
50 g Zucker
50 g feiner brauner Zucker
50 g gemahlene Mandeln
1 Msp. gemahlener Zimt
1 Prise Salz
100 g Butter

3 Birnen
250 g Aprikosen
1 Hand voll kernlose, kleine Muskattrauben

Tipp: Dazu etwas leicht gesüßte Schlagsahne reichen!

1) Die Zitrone waschen, mit dem Zestenreißer ein Stückchen Schale abschälen und dieses so fein wie möglich hacken.

2) Das Mehl in eine Schüssel geben. Den Zucker, den braunen Zucker, die Mandeln, den Zimt, die gehackte Zitronenschale und eine Prise Salz dazugeben. Die Butter in kleine Würfel schneiden, ebenfalls in die Schüssel geben und die Mischung zwischen den Händen zu Streuseln reiben.

3) Den Backofen auf 200 °C vorheizen.

4) Die Birnen schälen, vierteln, das Kerngehäuse entfernen und die Birnenviertel mit etwas Zitronensaft beträufeln.

5) Die Aprikosen waschen und in einem Sieb abtropfen lassen, dann vierteln und den Kern entfernen. Die Weintrauben waschen und ebenfalls abtropfen lassen.

6) Die Hälfte der Birnen in einer Auflaufform verteilen, darauf die Aprikosenviertel, die restlichen Birnen sowie die Weintrauben verteilen. Das Ganze sachte zusammendrücken. Die Streusel darüberstreuen und leicht andrücken.

7) Den Crumble für 20 Minuten in den 200 °C heißen Ofen schieben, dann die Temperatur auf 150 °C reduzieren und etwa 30 Minuten weiterbacken. Den fertigen Crumble herausnehmen und lauwarm servieren.

Topfen-Kaiserschmarrn mit glasierten Aprikosen

Zutaten für 4 Personen:

6 gehäufte EL Mehl
Salz
1 TL Abrieb von 1 unbehandelten Zitrone
Milch (Menge nach Gefühl)
6 Eier
3 EL Topfen (Quark)
einige in Rum eingeweichte Rosinen (nach Belieben)
Butter

Für die glasierten Aprikosen:

200 g Aprikosen
30 g Zucker
10 g Butterflocken
ein Schuss Aprikosenlikör (nach Belieben)

Tipp:
Dazu passen auch frische Früchte, Apfelmus oder Zwetschgenröster.

1) Das Mehl in eine Schüssel geben, eine kräftige Prise Salz und die abgeriebene Zitronenschale dazugeben.

2) So viel kalte Milch darunterrühren, dass ein nicht zu fester, aber auch nicht zu flüssiger Teig entsteht. Nun die ganzen Eier und den Topfen dazugeben und verrühren.

3) Eine große gusseiserne Pfanne mit dickem Boden erhitzen und mit Salz ausreiben. In der heißen Pfanne bei mittlerer Hitze etwas Butter zerlassen und die Teigmasse hineinschütten. Nach Belieben noch die eingeweichten Rosinen darüberstreuen und einen passenden Deckel auflegen.

4) Wenn der Kaiserschmarrn an der Unterseite eine goldgelbe Farbe hat, diesen umdrehen, dabei etwas Butter auf den Pfannenboden gleiten lassen und den Deckel gleich wieder auflegen: Das ist wichtig, denn erst durch das Zudecken geht der Kaiserschmarrn auf!

5) Hat auch diese Seite eine schöne Farbe, den Kaiserschmarrn mithilfe zweier Gabeln zerkleinern, dann noch ein Stück frische Butter dazugeben. Das Ganze mit Staubzucker gut bestäuben und bei stärkerer Hitze kurz karamellisieren lassen.

6) Für die glasierten Aprikosen den Backofen auf 225 °C vorheizen. Die Früchte waschen, halbieren oder vierteln und in eine feuerfeste Form legen. Gleichmäßig mit Puderzucker bestäuben, Butterflocken darübergeben und nach Belieben mit etwas Aprikosenlikör beträufeln. Im Backofen bei starker Oberhitze (unter den Grillschlangen) glasieren.

7) Den Kaiserschmarrn auf einem Teller mit den Aprikosen und nach Belieben mit einer Kugel Vanilleeis anrichten, nochmals Puderzucker darüberstäuben.

November

Die kulinarische Hausapotheke

Jetzt wird es draußen grau und neblig, und wie jedes Jahr beginnt die Erkältungszeit. Der erste Schnupfen oder sogar eine Grippe, das ist natürlich alles andere als erfreulich. Dennoch ist es auch eine Gelegenheit, gemeinsam mit dem kranken Kind den Zusammenhang von Gesundheit und Ernährung einmal genauer unter die Lupe zu nehmen. Warum bin ich krank? Was kann man dagegen tun? Kann man sich gesund essen?

Der Mensch ist, was er isst – dieser alte Grundsatz ist ein guter Ausgangspunkt, über die Stärkung der Abwehrkräfte zu sprechen, über die Bedeutung von Vitaminen und über die heilsamen Wirkungen bestimmter Lebensmittel. Eine besondere Rolle spielt dabei die Hühnersuppe, der nicht nur in unseren Breitengraden eine nahezu magische Wirkung zugesprochen wird: Vor allem in Asien wird sie als Therapeutikum und als vorbeugende Medizin gekocht. Eine selbst gemachte Hühnersuppe lässt sich gut in kleinen Portionen einfrieren, sodass Sie immer einen Vorrat haben, der sich fantasievoll variieren lässt: mit Buchstabennudeln, mit Reis, mit kleinen gekochten Kartoffelstückchen. Entdecken Sie auch Eintöpfe und die Varianten des Würzens: Zitronengras beispielsweise gibt eine exotische Geschmacksfärbung, besonders in Verbindung mit frischem Koriander. Wahre Zaubermittel sind Knoblauch und Ingwer. Es ist wissenschaftlich erwiesen, dass die Inhaltsstoffe des Knoblauchs eine bakterizide, also entzündungshemmende Wirkung haben, was sich lindernd auf den Verlauf von Erkältungskrankheiten auswirkt. Ingwer wird in der ayurvedischen Küche eine herausragende Funktion zugewiesen – Ingwer reinigt und beugt ebenfalls Entzündungen vor. Verwenden Sie immer frische Ingwerwurzel – sie schmeckt sehr intensiv, ist aber in einer pürierten Suppe wie der Kürbissuppe (siehe Rezept Seite 188) nur noch als Aroma spürbar, das auch Kinder akzeptieren. Für ältere Kinder und für Erwachsene ist es ideal, morgens einen Ingwersud zu trinken. Hierfür übergießen Sie ein Stückchen frischen geschälten Ingwer mit kochend heißem Wasser und lassen es ein paar Minuten ziehen. Reichlich Knoblauch können Sie beim Hähnchen (siehe Rezept Seite 179) »verstecken«. Wenn Sie Bruschetta mit Tomatenwürfeln und Olivenöl im Ofen backen, reiben Sie das Brot vorher mit Knoblauch ein.

Ein anderer Geheimtipp zur Vorbeugung von Krankheiten ist Grüner Tee, eine Quelle wichtiger Vitamine. Er wird in Japan sogar in Schulen als Prophylaxe gegen Karies eingesetzt und beugt anerkanntermaßen Krebserkrankungen vor. Kochen Sie öfter am Tag Grünen Tee für die ganze Familie! Es gibt mittlerweile eine reiche Palette natürlich aromatisierter Grüner Tees, mit Früchten, sogar mit Rosenblüten, die harmonisierend auf den gesamten Organismus wirken. Sie können Ihren Kindern auch Rooibush-Tee mit in die Schule mitgeben, in der Thermosflasche oder abgekühlt in sauber ausgespülten kleinen Wasserflaschen. Süßen Sie den Tee – wenn überhaupt – nur schwach, am besten mit etwas Honig.

Die Küche als Hausapotheke, das fasziniert Kinder, und sie lernen, dass die Ernährung ein Schlüssel dafür ist, wie wir uns fühlen, wie gesund wir sind und bleiben. Ohnehin ist es viel genussvoller, eine heiße Suppe oder einen aromatischen Tee zu trinken statt Hustensaft, den Kinder meistens ablehnen.

Drängen Sie Ihrem kranken Kind auf keinen Fall Essen auf. Ein geringer Appetit ist ein gesunder Mechanismus des Körpers, der während des Kampfes gegen Krankheitserreger nicht zu viel Energie für die Verdauung verlieren will. Sorgen Sie dafür, dass das Krankenzimmer gut gelüftet ist, und ermuntern Sie Ihr Kind, viel zu trinken. Fragen Sie, worauf es Appetit hat, und stellen Sie öfter einen kleinen Teller mit frisch aufgeschnittenem Obst oder Rohkost wie Gurke und Karotten neben das Bett. Leihen Sie in der Stadtbibliothek Hörbücher aus, die den kleinen Patienten auf andere Gedanken bringen. Geben Sie Ihrem Kind zu verstehen, dass Krankheiten zum Leben dazugehören, dass sie nicht einfach lästig sind, sondern eine Chance, sich intensiver mit dem Körper zu beschäftigen – und mit der Ernährung.

Essen hält Leib und Seele zusammen!

Hühnersuppe mit Grießnocken

Zutaten für 4 Personen:

1 Suppenhuhn (etwa 1,350 g)

1 Zwiebel (etwa 70 g), gespickt mit
1 Lorbeerblatt, 2 Nelken
60 g Lauch (weißer Teil)
1 Karotte
1 Staudensellerie
3 Champignons
1 Petersilienstängel
Meersalz
5 weiße Pfefferkörner, grob zerstoßen

Für die Grießnocken:

50 g weiche Butter
100 g Hartweizengrieß
1 Ei (Zimmertemperatur)
Salz, Pfeffer, Muskat

1 Karotte, blanchiert und in feine Würfel geschnitten
80 g Lauch, blanchiert und in feine Würfel geschnitten
2 EL Schnittlauch, fein geschnitten

1) Das Suppenhuhn vierteln, waschen und kalt mit etwa 1 1/2 l Wasser in einen Topf geben. Die gespickte Zwiebel, grob geschnittenes Gemüse und Petersilienstängel beigeben und langsam aufkochen lassen. Mit einer Prise Meersalz und gestoßenem Pfeffer würzen und ungefähr 2 Stunden ohne Deckel kochen lassen.

2) Den Schaum, der sich dabei entwickelt, nicht abschöpfen: Es handelt sich dabei um ausgeflocktes Eiweiß, das zum Klären der Brühe dient.

3) Die Brühe schließlich durch ein mit einem Tuch ausgelegtes Sieb passieren.

4) Für die Grießnocken einen Topf mit reichlich Salzwasser aufsetzen. Die Butter weißschaumig aufschlagen. Hartweizengrieß und Ei beigeben, durchmischen. Mit Salz, Pfeffer und Muskat abschmecken.

5) Mit zwei Teelöffeln Nocken aus der Masse abstechen und ins kochende Salzwasser geben. Die Nocken 10 Minuten kochen lassen, danach 10 Minuten ziehen lassen.

6) Die gegarten Grießnocken auf tiefe Teller verteilen. Die Suppe darübergeben, mit den Karotten- und Lauchwürfeln verfeinern, mit Schnittlauch bestreuen und servieren.

Tipp:
Die Hühnerbrühe hält sich im Kühlschrank einige Tage frisch. Noch besser: Brühe auf Vorrat einfrieren, so hat man auf die Schnelle immer eine leckere Suppe parat!
Das Hühnerfleisch können Sie klein würfeln und als Einlage für die Suppe verwenden.

Heuschrecke und Schlange

Essen hält Leib und Seele zusammen, sagt man. Was genau man aber essen sollte, um sich seine Gesundheit zu erhalten, darüber gibt es in fernen Ländern oft ganz andere Vorstellungen: In Mexiko gelten gekochte Maden als Delikatesse und idealer Eiweißlieferant, in Afrika schwört man auf gegrillte Heuschrecken. Andere Länder, andere Sitten!

Anfang der Achtzigerjahre reiste ich mit einer Gruppe von Köchen nach China – und machte eine Menge höchst merkwürdiger kulinarischer Erfahrungen. Wer jemals über einen chinesischen Wochenmarkt gestreift ist, kommt aus dem Staunen gar nicht mehr heraus: Lebende Frösche werden angepriesen, sogar Kautze. In den Restaurants kamen Dinge auf den Tisch, die für mich mehr als gewöhnungsbedürftig waren. In den Garküchen gab es frittierte Fischhäute. Und in Kanton servierte man uns gebratene Skorpione. Es wird Ihre Kinder angenehm gruseln, wenn sie erfahren, dass in China die so genannten »Tausendjährigen Eier« als Delikatesse gelten. Es sind streng genommen faule Eier, die allerdings ganz besonders behandelt sind. Dafür werden frische Eier in eine Masse aus Kalk, Holzasche und Salz eingehüllt und in der Erde vergraben. Nach hundert Tagen – immerhin nicht nach tausend Jahren – holt man sie wieder heraus, entfernt die Schale und verzehrt sie roh. Das Eiweiß hat eine dunkelgoldene Farbe angenommen und eine gallertartige Konsistenz entwickelt, der Dotter ist grün und fest. Dazu reicht man gehackten Ingwer und Sojasauce. Für schwache europäische Gemüter ist es allerdings schwer vorstellbar, diese Spezialität mit Appetit zu verzehren!

Eklig? Für Europäer vielleicht. Aber Chinesen haben nicht nur eine völlig andere Vorstellung davon, was man überhaupt essen kann, sie sind auch überzeugt davon, dass jedes Gericht spezielle Auswirkungen auf die Gesundheit hat.

Es passierte ebenfalls in Kanton, dass ich zum ersten Mal Schlange aß. Ein Erlebnis, das ich so schnell nicht vergessen werde: Der Kellner kam nämlich mit einem Korb an den Tisch, in dem sich lebendige Schlangen wanden! Er forderte uns auf, eine Schlange auszuwählen – so wie man bei uns in manchen Fischrestaurants einen lebenden Fisch auswählt. Ich gebe zu, dass ich mich erst einmal ganz schön überwinden musste. Es gab sogar Giftschlangen, aber die waren mir verständlicherweise sehr unheimlich. Als die zubereitete Schlange schließlich serviert wurde, war ich überrascht: Es schmeckte gar nicht so übel, ein bisschen wie Kaninchen. Unsere chinesischen Gastgeber versicherten, dass Schlange gut für die Augen sei und dass man sie schon deshalb essen müsse. Die Chinesen bevorzugen sogar Giftschlangen. Die Giftblase wird am Tisch geöffnet, das Gift wird in Reiswein geträufelt und getrunken! Das sei ein wahres Gesundheitselixier, beteuerte man. Ich persönlich bleibe da lieber bei der klassischen Hühnersuppe ...

Frösche, Skorpione, Schlange, frittierte Fischhäute ... ... das ist nichts für jeden!

Fleisch

Die Weihnachtszeit wie überhaupt die Winterzeit ist auch die Zeit der festlichen Fleischgerichte, und ohnehin wächst in der kalten Jahreszeit der Appetit auf Fleisch, weil es durch seinen hohen Eiweißanteil und das tierische Fett angenehm sättigt.

Doch Fleisch ist auch ein Problem geworden: Wohl kaum ein Lebensmittel ist in den letzten Jahren so heftig diskutiert worden und in die Schlagzeilen geraten wie das Grundnahrungsmittel Fleisch. Durch den BSE-Skandal, über die Vogelgrippe, Hormon-Skandale und dubiose Etikettierungspraktiken, bei denen das Haltbarkeitsdatum falsch angegeben wird, sind wir vorsichtig geworden, was das Fleisch betrifft. Völlig zu Recht. Die erst in den letzten Jahrzehnten entstandene Vorstellung, dass man jeden Tag Fleisch essen sollte, hat einen riesigen Markt entstehen lassen, auf dem Fleisch zwar billig zu haben ist, dessen Qualität und Geschmack aber oft zweifelhaft sind. Minderwertige Futterstoffe in der Massentierhaltung und die Behandlung der Tiere mit Medikamenten sind darüber hinaus bedenklich. Seien Sie also kritisch beim Fleischkauf – und betrachten Sie Fleisch als etwas Besonderes: Essen Sie lieber weniger Fleisch und leisten Sie sich dafür bessere Qualität, die natürlich auch teurer ist.

Am Beginn des bewussten Fleischeinkaufs steht die Suche nach einem guten Metzger. Fragen Sie nach, woher das angebotene Fleisch stammt, ob es nicht bereits eingefroren war und wann das Tier geschlachtet wurde. Steakfleisch beispielsweise darf nie frisch, also hellrot sein, sondern es muss beim Metzger etwa zwei Wochen abgehangen haben, damit es nicht in der Pfanne zusammenschrumpft. Solche Informationen werden Sie an der Fleischtheke im Supermarkt kaum bekommen. Bestehen Sie beim Einkauf von Hackfleisch darauf, dass der Metzger das Fleisch frisch durchdreht, er ist sogar gesetzlich dazu verpflichtet!

Verzichten Sie möglichst auf eingefrorenes Fleisch, denn nicht immer ist die Kühlkette lückenlos; das bedeutet, dass das Fleisch durch fehlende Kühlung beim Transport manchmal angetaut war und wieder eingefroren wurde, was man an den Eiskristallen an und in der Verpackung erkennt. Solches Fleisch kann äußerst gesundheitsschädlich sein, schlimmstenfalls sind sogar Salmonellen entstanden. Erfahrungsgemäß ist Biofleisch aus ökologischer Tierhaltung nicht nur gesünder, sondern auch schmackhafter. Außerdem beziehen Bioläden ihr Fleisch meist aus der unmittelbaren Umgebung, sodass die qualvollen Tiertransporte quer durch Europa entfallen. Abgesehen davon, dass die Tiere darunter leiden, sind die Stresshormone, die beim Tier durch solche langen Transporte ausgeschüttet werden, sogar im Fleisch nachweisbar.

Versuchen Sie, bei einem besonderen Anlass die höchste Fleischqualität zu finden – ein Bresse-Huhn zum Beispiel, oder Fleisch vom Simmentaler Rind. Dann bekommen Sie einen Eindruck, wie gutes Fleisch schmecken kann, und können kritischer sein, wenn Sie das nächste Mal wieder ein Huhn oder Rindfleisch kaufen. Ein besonderer Tipp: Kochen Sie regelmäßig eine kräftige Fleischbrühe, die sehr gesund ist und sich in kleinen Portionen einfrieren lässt – als Basis für Suppen oder in Form der Fleisch-Essenz als Würze von unterschiedlichen Gerichten. Sie können eine fertig vorbereitete Fleischbrühe mit wenigen Handgriffen in ein leckeres Gericht verwandeln, etwa durch blanchiertes Gemüse, das ein paar Minuten darin zieht, durch gekochte Tortellini, die Sie hineingeben, oder durch einen schlichten »Eiereinlauf«, bei dem Sie ein Ei mit ein bisschen Mehl verquirlen, würzen und durch eine gelochte Schaumkelle in die Suppe geben.

Nudelschnecken mit Spitzkrautfüllung

Zutaten für 4 Personen:

Für den Nudelteig:

200 g Mehl (Type 405)
100 g Hartweizengrieß
8 Eigelbe
1/2 TL Salz
1 EL Olivenöl

Für die Spitzkrautfüllung:

1,2 kg Spitzkraut
200 g Zwiebeln
1 Knoblauchzehe
3 Würfelzuckerstücke
3 EL Obstessig
4 EL Schweineschmalz
Salz, Pfeffer aus der Mühle
1 TL Kümmelsamen
1 Tropfen Sonnenblumenöl
150 g geschälte Kartoffeln (mehlig kochende Sorte)
150 g angeräucherter gekochter Schinken in Würfeln
1–2 EL Mehl
Butter für die Form
70 g flüssige Butter
100 ml Sauerrahm
30 g geriebener Gruyère
1 EL Schnittlauchröllchen zum Verzieren

Tipp:
Wenn Sie wenig Zeit haben, können Sie Lasagneplatten mit Biss kochen, in Eiswasser abschrecken und befüllen. Anstatt des Spitzkrauts (oder zusätzlich) einfach Sauerkraut in die Schnecken geben und sie dann mit Käse überbacken, auch das schmeckt wunderbar und geht ganz schnell!

1) Für den Nudelteig auf einer Arbeitsplatte Mehl und Grieß anhäufen, in die Mitte eine Mulde drücken. Die Eigelbe, Salz und Olivenöl hineingeben. Mit einer Gabel verrühren, dabei das Mehl vom Rand her einarbeiten. Wird der Teig zu fest, Hände mit Wasser befeuchten. Teig erneut durchkneten. Alles möglichst schnell zu einem glatten Teig verarbeiten und zu einer Kugel formen. In Klarsichtfolie einwickeln und etwa eine Stunde kühl ruhen lassen.

2) Für die Spitzkrautfüllung den Krautkopf längs vierteln, Strunk entfernen und das Kraut in dünne Streifen schneiden. Die Zwiebeln schälen, halbieren und längs in feine Streifen schneiden. Den Knoblauch schälen und klein hacken.

3) Den Würfelzucker in 100 ml Wasser leicht karamellisieren lassen, mit Obstessig ablöschen. Das Schweineschmalz zugeben und schmelzen lassen, Zwiebeln und Knoblauch zufügen, farblos anschwitzen. Das Kraut dazugeben, salzen und pfeffern.

4) 1/2 TL Kümmel mit Sonnenblumenöl mischen, fein hacken und unter das Kraut rühren. Schinken in Butter kurz anschwitzen und beigeben. Das Ganze bei niedriger Hitze 15 Minuten köcheln lassen, wenn nötig etwas Wasser angießen.

5) Die Kartoffeln in Salzwasser gar kochen. Wasser abgießen, abdämpfen lassen und die Kartoffeln durch eine Kartoffelpresse drücken. Die Masse unter das Kraut rühren und nochmals abschmecken. Erkalten lassen.

6) Den Nudelteig auf einer bemehlten Arbeitsplatte ausrollen. In breite Streifen schneiden. Teigstreifen in einer Nudelmaschine ausrollen. Dabei die Walzen enger stellen, bis der Teig dünn ist. Nudelplatten von 28 x 15 cm schneiden.

7) Backofen auf 160 °C vorheizen. Eine Auflaufform kräftig ausbuttern. Spitzkrautfüllung auf den Teigplatten verteilen, rundherum einen etwa 2 cm breiten Rand lassen. Straff aufrollen (wie eine Roulade).Teigränder andrücken, Rollen mit einem scharfen Messer in etwa 4 cm breite Stücke schneiden. Teigrollen aufrecht in die Auflaufform stellen. Mit flüssiger Butter beträufeln. Den restlichen Kümmel hacken, darüberstreuen und die Nudelschnecken im Ofen 45 Minuten backen. Die ersten 20 Minuten die Nudelschnecken mit Alufolie bedeckt backen, dann Folie wegnehmen, sodass die Schnecken Farbe bekommen.

8) Zum Anrichten Sauerrahm mit Salz und Pfeffer abschmecken, glatt rühren. Auf der Oberfläche des Auflaufs verteilen, mit geriebenem Gruyère bestreuen. Unter dem Grill goldgelb gratinieren. Schnittlauchröllchen darüberstreuen und sofort servieren.

knuspriger Schweinebraten exotisch

Zutaten für 6–8 Personen:

2 kg Schweinebauch mit Schwarte
1,5 kg Schweineknochen (klein gehackt)
4 Msp. chinesisches Fünf-Gewürze-Pulver, mit 4 Prisen Salz und etwas gestoßenem schwarzem Pfeffer vermischt
2 Msp. Currypulver
1 Knolle junger Knoblauch, in Scheiben geschnitten
1 Stange Zitronengras, flach geklopft und grob zerkleinert
8 große Scheiben frischer Ingwer, geschält
2 EL süßsaure Chilisauce (im Asia-Laden erhältlich)
2 EL neutrales Pflanzenöl
2 EL Sojasauce
5 Nelken
1/2 TL Fenchelsamen
1/2 TL Korianderkörner
1 TL Kümmel
Kartoffelstärke zum Binden der Sauce

Tipp:
Die Kruste wird noch knuspriger, wenn man sie beim Überkrusten mehrmals mit Essigwasser einpinselt. Soll die Kruste förmlich aufplatzen, muss man den Braten kurz vor dem Servieren noch unter den Grill oder unter starke Oberhitze geben (dabei im Ofen beobachten, denn die Kruste kann schnell verbrennen). Dieser Braten schmeckt auch kalt aufgeschnitten, zum Picknick oder zur Brotzeit!

1) Die Schwarte von beiden Seiten kräftig mit dem Gewürzsalz einreiben.

2) Das Currypulver mit Knoblauch, Zitronengras, Ingwer, Chilisauce, Öl, Sojasauce und Nelken vermengen. Fenchel, Koriander und Kümmel im Mörser grob zerreiben und unter die Marinade rühren. Den Schweinebauch mit der Gewürzmischung von beiden Seiten einreiben, mit Folie abdecken und über Nacht im Kühlschrank marinieren lassen.

3) Die Schweineknochen auf ein Blech geben und bei 200 °C im Ofen etwa 45 Minuten rösten. Die Knochen herausnehmen und die Temperatur auf 140 °C reduzieren.

4) Den Schweinebauch aus der Marinade nehmen, die Gewürze abstreichen und in eine feuerfeste Form geben. Die Gewürze ungefähr 2 cm hoch mit Wasser (etwa 500 ml) bedecken und im vorgeheizten Backofen bei 140 °C einmal aufkochen lassen. Angeröstete Knochen beigeben und den Schweinebauch mit der Schwarte nach unten in die Form geben und etwa 1 Stunde im Ofen braten.

5) Nach 1 Stunde den Braten wenden (Schwarte zeigt jetzt nach oben) und die Schwarte einschneiden. Die Temperatur auf 160 °C erhöhen und wieder für ungefähr 1 1/2 Stunden in den Ofen geben.

6) Das Fleisch aus dem Ofen nehmen, auf ein Gitter umsetzen, dabei das Blech als Tropfschutz unter den Rost schieben. Die Sauce durch ein feines Sieb passieren und erneut abschmecken. Etwas Kartoffelstärke mit kaltem Wasser anrühren und die aufgefangene Sauce damit abbinden.

7) Den Braten bei 180 °C so lange weiterbraten, bis die Kruste kross ist (Gabelprobe machen: Beim Einstechen in das Fleisch sollte klarer Fleischsaft austreten).

Rohrnudeln mit Zimtäpfeln und Vanillesauce

Zutaten für 10–12 Rohrnudeln:

1 Würfel Hefe (42 g)
200 ml lauwarme Milch
500 g Mehl und Mehl zum Arbeiten
30 g Zucker
2 Eier (100 g)
3 Eigelbe (60 g)
120 g weiche Butter
5 g Salz
Mark von 1 Vanilleschote
1 cl Rum
abgeriebene Schale von
1 unbehandelten Zitrone

Für die Zimtäpfel:

500 g Äpfel
60 g Zucker
1 TL Zimt
1 EL Zucker für die Form
Butter für die Form und Butterflocken

Für die Vanillesauce:

200 ml Sahne
500 ml Milch
Mark von 1 Vanilleschote
2 EL Zucker
5 Eigelbe
1 TL Speisestärke

Tipp:
Die Rohrnudeln können auch mit Zwetschgen gefüllt werden!

1) Die Hefe mit 80 ml lauwarmer Milch verrühren. 100 g Mehl und den gesamten Zucker zugeben. Den Vorteig mit etwas Mehl bestreuen, mit einem Tuch abdecken und an einem warmen Ort gehen lassen, bis er sich verdoppelt hat.

2) Eier und Eigelbe mit der restlichen Milch verrühren und mit dem Vorteig und dem restlichen Mehl zu einem glatten Teig verkneten. Nach und nach Butter, Salz, Vanillemark, Rum und Zitronenschale hinzufügen und so lange kneten, bis der Teig Blasen wirft. Zugedeckt nochmals 20 Minuten gehen lassen.

3) Eine feuerfeste, rechteckige Form dick mit weicher Butter ausstreichen. Den Boden mit 1 EL Zucker bestreuen. Den Backofen auf 175 °C (Umluft) vorheizen.

4) Die Äpfel schälen, vierteln und entkernen, in kleine Scheiben schneiden, mit Zucker und Zimt mischen.

5) Für die Vanillesauce: Sahne, Milch und Vanillemark samt Vanilleschote in einem Topf zum Kochen bringen. Den Zucker mit den Eigelben und der Speisestärke verrühren. In die Milch-Sahne-Mischung gießen und einmal aufkochen lassen. Vanilleschote herausfischen, die Sauce durch ein Sieb passieren und abkühlen lassen.

6) Teig auf bemehlter Arbeitsfläche zu einer großen Rolle formen. In 10–12 gleich große Stücke teilen, mit einem Tuch abdecken und noch mal für 5–10 Minuten gehen lassen. Mit dem Nudelholz dünn ausrollen, mit den Äpfeln portionsweise belegen, oben verschließen, die Enden gut zusammendrücken und mit der verschlossenen Seite nach unten in die gebutterte Form setzen. Nochmals abdecken und 10 Minuten ruhen lassen. Einige Butterflocken auf die Rohrnudeln geben und im Ofen etwa 35 Minuten backen.

7) Die fertigen Rohrnudeln stürzen (je nach Geschmack noch mit flüssiger Butter bestreichen), mit Puderzucker bestäuben und lauwarm mit der Vanillesauce servieren.

Der ultimative Orangensaft-Test

Heute wollen wir herausfinden, was so drin ist in den Saftflaschen, die ihr im Supermarktregal findet – ihr werdet feststellen, dass fertiger Obstsaft oft stärker nach Zucker als nach Obst schmeckt.

Bestimmt ist euch aufgefallen, dass im Winter besonders viele Zitrusfrüchte gegessen werden, vor allem Orangen und Mandarinen. Das ist auch richtig so, denn die enthalten sehr viel Vitamin C, das uns speziell in der kalten Jahreszeit vor Erkältungen schützt. Habt ihr eine Lieblingsmarke, wenn es um Orangensaft geht? Und habt ihr schon mal selbst Orangen ausgepresst? Wenn nicht, dann bittet eure Eltern, eine Saftpresse zu besorgen. Es gibt ganz einfache, die sehen aus wie eine Schale mit einem Dorn und kleinen Fächern. Darauf legt man eine Orangenhälfte, und dann drückt und dreht man gleichzeitig so lange, bis sich der ganze Saft in einer Rinne sammelt. Man kann aber auch eine elektrische Saftpresse benutzen, da geht es ruck, zuck! Am schnellsten ist natürlich die Methode, einfach eine Flasche aufzuschrauben – aber ist das auch die beste Methode? Macht den Geschmackstest!

Welcher Saft schmeckt euch? Und welcher weniger? Warum?

Wenn ihr das nächste Mal mit euren Eltern einkaufen geht, besorgt euch einen Beutel Orangen und drei verschiedene Sorten Orangensaft. Lest mal die klein gedruckte Inhaltsangabe: Es gibt Saft mit unterschiedlichen Anteilen Wasser, es gibt Orangensaft mit und ohne Zucker, und bei manchen Säften sind auch Zusätze drin, die eigentlich in den Orangen gar nicht enthalten sind, Farbstoffe zum Beispiel, Antioxidationsmittel und Aromazusätze.

Wenn ihr alles nach Hause geschleppt habt, kann es losgehen. Stellt vier Gläser auf den Tisch. In drei gießt ihr jeweils einen gekauften Saft und stellt die Flasche daneben, in das vierte kommt Orangensaft, den ihr aus den mitgebrachten Orangen frisch gepresst habt.

Nun könnt ihr probieren – trinkt zwischendurch immer einen Schluck Wasser, damit ihr die Unterschiede besser schmecken könnt. So machen das übrigens auch die Weinkenner bei einer Weinprobe.

Na? Was fällt euch auf? Welcher Saft schmeckt euch? Und welcher weniger? Warum? Eines kann ich euch jedenfalls versichern: Der frisch gepresste ist der gesündeste. Wenn er euch zu sauer vorkommt, dann versucht es mal mit einer anderen Sorte Orangen. Es gibt auch so genannte Blutorangen, die eine ganz tolle Farbe haben: Sie sind klein und lassen sich schlecht schälen, aber ganz prima auspressen. Ein Obst- und Gemüsehändler sagt euch außerdem gern, welches seine süßeste Sorte ist! Denn es soll ja gut schmecken, wenn ihr was Gesundes trinkt!

Schokoladenfondue

Zutaten für 6–8 Personen:

etwa 1 kg gemischtes frisches Obst nach Wahl und nach Saison (zum Beispiel exotisch: Mango, Papaya, Bananen, Ananas, Litschi, Physalis, Kumquats)

400 g Zartbitterschokolade (Kakaogehalt 55 %)
200 g Vollmilchschokolade
500 ml Milch
250 ml Sahne
60 g kalte Butter

80 g Zucker (wer es süßer haben will)
Spieße für die Früchte

1) Das Obst vorbereiten: waschen, schälen, entkernen und in mundgerechte Stücke schneiden. Auf verschiedene Teller und Schälchen verteilen.

2) Die Zartbitter- und die Vollmilchschokolade hacken und in eine Schüssel geben. Milch, Sahne und eventuell den Zucker aufkochen und über die Schokolade geben, mit einem Löffel umrühren. Die kalten Butterstücke beigeben und das Ganze glatt rühren. Wichtig: Die Masse muss schön cremig sein.

3) Den Fondue-Topf oder ein schönes feuerfestes Schälchen auf einen Rechaud oder einen Teewärmer stellen. Nun die Obststücke aufspießen und in die warme Schokolade tauchen.

Tipp:
Äpfel und Birnen vorher kurz in Butter anschwenken. Der Fondue-Topf sollte nicht zu stark erhitzt werden, weil die Schokolade sonst gerinnt. Ein Schokofondue ist ein sehr geselliges Essen, bei dem jeder selbst bestimmen kann, wie viel Schokolade es sein darf (bei Bedarf kann man immer noch ein Stückchen Schokolade oder etwas Sahne hinzufügen). Empfindliche Textilien sollte man allerdings im Schrank lassen, es kann tropfen! Dazu passt getoastete Brioche oder selbst gebackene Madeleines, siehe Seite 86.

Mama

Dezember

Plätzchenzeit

Wenn der 1. Dezember auf dem Kalender erscheint, sind es nur noch gut drei Wochen bis Weihnachten! In vielen Familien beginnt jetzt der ganz große Stress: Die Wohnung soll weihnachtlich geschmückt werden, Kindergärten und Schulen veranstalten Weihnachtsfeiern, der Run auf die Geschäfte beginnt, um alle pünktlich zu beschenken.

Auch wenn man sich der allgemeinen Hektik schwer entziehen kann – versuchen Sie einmal, mit Bedacht gegenzusteuern. Lassen Sie die Adventsstimmung langsam in die Wohnung einziehen, beginnen Sie mit einem schlichten grünen Adventskranz, den die Kinder selbst dekorieren, verteilen Sie in den darauffolgenden Tagen nach und nach Lichterketten in der Wohnung, zünden Sie morgens beim Frühstück eine Kerze an, selbst wenn es nur für zehn Minuten ist. Mit anderen Worten: Stimmen Sie sich und Ihre Kinder langsam ein.

Und reservieren Sie unbedingt ein Wochenende fürs Plätzchenbacken. Das kann ein wahres Familienfest werden, denn Teig zubereiten, Formen ausstechen und Plätzchen verzieren, das sind überschaubare Herausforderungen, bei denen man sogar kleinste Kinder einbeziehen kann. Selbst gebackene Plätzchen sind – verpackt in schöne Blechdosen – auch ein sehr persönliches Geschenk, mit dem die Kinder Freunden und Verwandten zeigen, dass sie mittlerweile echte Küchenprofis geworden sind.

Wem es angst und bange wird, dass die Küche nach dem Backen wie ein Schlachtfeld aussieht, der sollte gut planen. Bereiten Sie nicht mehr als drei Sorten Teig vor. Stellen Sie ein niedriges Extratischchen auf, an dem jüngere Kinder werkeln können. Sammeln Sie alle Zutaten auf einem Tablett, damit nichts abhanden kommt, vor allem Gewürzgläser und Verzierungsdekor wie Mandelblättchen, Liebesperlen oder Schokoladenstreusel.

Verteilen Sie die Aufgaben: Größere Kinder können abwiegen und abmessen, kleinere den Teig kneten. Und denken Sie auch an Pausen, in denen die Kinder sich ausruhen und etwas Warmes trinken können. Zum Abschluss kochen Sie am besten eine Suppe, denn nach dem Teignaschen haben Ihre Kinder sicher Lust auf etwas Herzhaftes, und wenn sich alle am Esstisch versammeln, kehrt wieder Ruhe ein. Gut eignen sich gebundene Suppen wie eine Kastaniensuppe; statt Kastanien können Sie aber auch Brokkoli nehmen oder ein anderes Gemüse, das püriert, mit etwas Sahne vermischt und gebunden wird.

Am Heiligen Abend dann ist die Aufregung zu groß, um komplizierte Menüs zu kochen. Bereiten Sie etwas Einfaches zu und verlegen Sie das große Weihnachtsfestessen auf den ersten Weihnachtstag, dann können alle gelassen mithelfen, und es bleibt auch Zeit, den Tisch fantasievoll zu decken. Wenn Sie mit Ihren Kindern schon einige Rezepte dieses Buches ausprobiert haben, lassen Sie sie einen Menü-Wunschzettel mit ihren Favoriten schreiben. Sprechen Sie mit den Kindern darüber, was zu einem mehrgängigen Essen gehört – Vorspeise, Suppe, Hauptgericht mit Beilagen, Dessert. So können Sie spielerisch das Bewusstsein wecken, dass ein gutes Essen, für das man sich Zeit nimmt, aus einer abwechslungsreichen Folge unterschiedlicher Gerichte besteht. Mit größeren Kindern können Sie auch verabreden, dass jeder einen Gang auswählt und – mit Unterstützung durch einen Erwachsenen – zubereitet: Ein Kind kocht die Suppe, ein anderes kümmert sich ums Dessert, und auch der Vater sollte auf jeden Fall einen Gang übernehmen. Ein ideales Essen für die Feiertage ist ein Fondue, weil alles direkt am Tisch zubereitet und langsam und genussvoll gegessen wird.

Wenn Sie an einem der Feiertage einmal essen gehen, achten Sie darauf, dass die Kinder etwas von der regulären Speisekarte bestellen. Auf dem Weg zur Entdeckung des Geschmacks sollten Kinder auch kritische Restaurantbesucher werden, die sich nicht mit dem zufrieden geben, was typischerweise für Kinder angeboten wird.

Linzeraugen

Zutaten für den Teig:

150 g kalte Butter
75 g Puderzucker
20 g Vanillezucker
1 Ei (50 g)
1 Prise Salz
1 Msp. gemahlener Kardamom
1 Msp. gemahlener Zimt
1 Msp. gemahlene Gewürznelken
1 TL Kirschwasser
150 g Mehl (Type 550)
150 g geschälte, fein geriebene Mandeln

Außerdem:

125 g Johannisbeergelee
Puderzucker zum Bestäuben
1 Spritzbeutel

1) Die Butter in kleine Stücke schneiden und mit Puderzucker und Vanillezucker mit möglichst kühlen Händen rasch verkneten. Nacheinander das Ei, Salz, die Gewürze und das Kirschwasser dazugeben und einarbeiten.

2) Mehl und Mandeln darüberstreuen und zwischen den Händen, wie bei der Herstellung von Streuseln, mit reibenden Bewegungen unter den Teig arbeiten. Dann rasch zusammenkneten und zu einer Kugel formen. Mit Frischhaltefolie umhüllt über Nacht kühl stellen.

3) Am nächsten Tag den Teig auf einer leicht bemehlten Arbeitsplatte etwa 3 mm dick ausrollen und mit einem gezackten Ausstecher Plätzchen ausstechen. Aus der Hälfte der Plätzchen noch mal mit dem runden Ausstecher kleine Kreise ausstechen, sodass Ringe entstehen.

4) Alle Plätzchen auf ein mit Backpapier ausgelegtes Backblech setzen und etwa 10 Minuten kalt stellen. Den Backofen auf 150 °C vorheizen.

5) Das Blech auf die mittlere Schiene des heißen Backofens schieben und die Plätzchen in etwa 20 Minuten goldbraun backen. Mit einer Palette vorsichtig vom Backblech heben und abkühlen lassen. Johannisbeergelee mit etwas Wasser erwärmen und glatt rühren.

6) Die Plätzchen mit dem Loch in der Mitte dick mit Puderzucker bestäuben. Auf die anderen Plätzchen mit dem Spritzbeutel kleine Johannisbeergeleepunkte setzen und die Ringe darauflegen.

Tipp:
Die echten Linzer Plätzchen werden natürlich mit Johannisbeergelee gefüllt, sie schmecken aber auch mit Aprikosen-, Orangen-, Kirsch- oder einer anderen Lieblingskonfitüre Ihrer Familie!

Schokobusserl

Zutaten für die Baisermasse:

150 g Zartbitterkuvertüre
150 g kalte Butter
200 g Puderzucker
240 g sehr fein gemahlene Haselnüsse
25 g Mehl

Außerdem:

Butter und Mehl für das Blech
125 g Aprikosenkonfitüre
150 g Vollmilchkuvertüre

Tipp:
Die Busserl können alternativ auch kurz in die Kuvertüre getaucht werden.

1) Den Backofen auf 120 °C vorheizen. Die Kuvertüre klein hacken, in eine Schüssel geben und über dem heißen Wasserbad schmelzen. Die Schüssel abnehmen und die Kuvertüre über einer Schüssel mit eiskaltem Wasser unter Rühren abkühlen lassen.

2) Die kalte, in Stücke geschnittene Butter abwechselnd mit Puderzucker, Haselnüssen und Mehl mit einem Kochlöffel unter die Kuvertüre rühren. In eine flache Form (Auflaufform) drücken und zugedeckt über Nacht kalt stellen.

3) Am nächsten Tag ein Backblech ganz dünn mit Butter einfetten und mit Mehl bestäuben. Den Teig in drei Portionen teilen und jedes Teil auf einer bemehlten Arbeitsplatte zu Rollen von 1 cm Durchmesser formen. Dann Scheiben von 1 cm Dicke abschneiden. Diese Scheiben zwischen leicht bemehlten Händen zu Kugeln drehen und auf das Backblech setzen. Wichtig: genügend Abstand halten, denn die Kugeln laufen beim Backen etwas auseinander. Das belegte Blech nochmals mindestens 30 Minuten kalt stellen.

4) Das Blech in den Backofen (mittlere Schiene) schieben und etwa 20 Minuten nach Sicht backen: Also immer in der Nähe des Backofens bleiben. Die Schokoladenkugeln dürfen auf keinen Fall zu dunkel werden, da sie sonst bitter schmecken. Das Gebäck auskühlen lassen.

5) Eine Papiertüte formen und eine winzige Ecke abschneiden. Die Konfitüre mit ein paar Tropfen Wasser aufkochen lassen, durch ein Sieb streichen und abkühlen lassen. Die Vollmilchkuvertüre in einem Wasserbad auflösen. Je zwei Halbkugeln mit etwas durchpassierter Aprikosenkonfitüre zusammensetzen und auf eine Platte legen. Flüssige Kuvertüre in die Papiertüte füllen und fantasievoll über die Busserl spritzen.

Fischsuppe mit Gambas

Zutaten für 6–8 Personen:

700 g Dorade
750 g Knurrhahn oder Drachenkopf
500 g Rotbarben (etwa 2 Stück)
8 Gambas

Gemüse für den Fischsud:

200 g Tomaten
150 g Zwiebeln
100 g Lauch (weißer Teil)
100 g Staudensellerie
1 kleiner Fenchel
2 Knoblauchzehen
10 Petersilienstängel, angeklopft
2 Lorbeerblätter

4 EL Olivenöl
250 ml Weißwein
etwa 1 1/4 l Wasser
Meersalz

Für die Suppengarnitur:

2 Tomaten, in kleine Würfel geschnitten
170 g Fenchel
100 g Staudensellerie (helle Stangen)
100 g Lauch (weißer Teil)
1 Knoblauchzehe
4–5 EL Olivenöl
1 EL Tomatenmark
etwas Safran
Cayennepfeffer
einige Tropfen Pernod
etwas Fenchelgrün, fein geschnitten

Tipp: Für Kinder empfehle ich Fischfilets ohne Gräten!

1) Die Fische beim Fischhändler küchenfertig vorbereiten lassen (die Haut nicht abziehen!). Die Karkassen (Fischgräten, Köpfe und Abschnitte) einpacken lassen und zu Hause etwa eine 3/4 Stunde in kaltem Wasser wässern. In ein Sieb abschütten.

2) Die Gambas schälen und den Darm entfernen. Köpfe und Schalen waschen und beiseite legen.

3) Das Gemüse für den Fischsud waschen und putzen. Die Tomaten vierteln. Die Zwiebeln schälen und in 1 cm große Würfel schneiden. Den Lauch, Sellerie und Fenchel ebenfalls würfeln.

4) Olivenöl in einem großen Topf erhitzen, die Gambaköpfe und -schalen rasch anbraten, Gemüse und Aromaten beigeben und mit anschwitzen (ohne Farbe zu geben). Fischkarkassen darauflegen, etwas Meersalz darüberstreuen und den Weißwein angießen. Den Deckel auflegen und das Ganze im eigenen Saft dünsten lassen. Nach etwa 10 Minuten mit kaltem Wasser aufgießen und 20 Minuten köcheln lassen. Den Sud durch ein grobes Sieb stoßen, nochmals aufkochen und durch ein feines Sieb passieren. Abkühlen lassen und das aufgestiegene Fett abnehmen.

5) Für die Garnitur die Tomaten waschen, kurz blanchieren, enthäuten, entkernen und in grobe Würfel schneiden. Das restliche Gemüse waschen, putzen und in feine Streifen schneiden. Den Knoblauch schälen, fein hacken.

6) Die Fische in gleich große Stücke schneiden. In einem großen Topf Olivenöl erhitzen. Tomatenmark, Gemüse und Knoblauch darin ohne Farbe anschwitzen lassen. Eine kräftige Prise Safran beigeben, mit dem Fischsud auffüllen, rasch zum Kochen bringen. Meersalz und Cayennepfeffer dazugeben. Die Fischstücke einlegen und etwa 5 Minuten kochen lassen. Danach einige Minuten ziehen lassen. Nach Belieben den Pernod beigeben.

7) In der Zwischenzeit in einer Pfanne etwas Olivenöl erhitzen und die Gambas darin anbraten, dann der Suppe beigeben. Zum Schluss das zarte Fenchelgrün fein hacken und in die Suppe streuen. Die Fischsuppe in tiefen Tellern servieren. Dazu passt frisches Baguette.

Pochierter Steinbutt im Milchsud

Zutaten für 4 Personen:

4 dicke Tranchen Steinbutt (aus dem Mittelstück) à 250 g
Meersalz

Für den Milchsud:

1 Zitrone
1 kleine weiße Zwiebel
100 g Champignons
1 Bouquet garni, bestehend aus:
1 Stange Sellerie, 1 Petersilienstängel, 1 Thymianzweig, 1 Lorbeerblatt
6 zerdrückte Pfefferkörner
reichlich Meersalz
1 l Milch

Für die Senfbutter:

200 g Butter
1–2 EL Senf (je nach Geschmack)

1) Für den Milchsud die Zitrone schälen, die weiße Haut dabei entfernen und das Fruchtfleisch in Scheiben aufschneiden. Die Zitronenkerne wegwerfen. Die Zwiebel schälen, halbieren und in feine Scheiben schneiden. Die Champignons putzen, kurz abbrausen und ebenfalls in Scheiben schneiden.

2) In einem großen Topf 1 l Wasser mit allen Zutaten für den Milchsud bis auf die Champignons und die Milch aufsetzen und 10 Minuten kochen lassen, dann abpassieren. Den durchpassierten Sud mit der Milch aufgießen, die Champignons beigeben und das Ganze einmal aufkochen lassen.

3) Den Steinbutt salzen, in den Milchsud einlegen und etwa 10 Minuten darin pochieren (nicht mehr kochen lassen), dann etwa 5 Minuten bis zum Garpunkt nachziehen lassen.

4) Den Steinbutt auf einen mit einer Stoffserviette ausgelegten Teller heben und mit einer zweiten Stoffserviette abdecken. Das verhindert, dass sich der Sud auf dem Teller verteilt.

5) In der Zwischenzeit die Butter hellbraun aufschäumen lassen und den Senf einrühren.

6) Zum Anrichten die Fischhaut entfernen und die Filets auf heiße Teller legen. Nach Belieben ein paar Champignons darauf verteilen und den Fisch mit der schäumenden Butter beträufeln. Dazu passt hervorragend Blattspinat und Dampfkartoffeln.

Tipp:
Meine Mutter hat Fischfilets bevorzugt in einem einfachen Wurzelsud zubereitet. Dafür etwa 200 g Karotten, 200 g Knollensellerie, 1 Zwiebel und 200 g Lauch waschen, putzen und in Streifen schneiden. Das Gemüse mit reichlich Meersalz, 2 Lorbeerblättern, weißem Pfeffer aus der Mühle, 6 EL Obstessig und 250 ml Wasser in einem weiten Topf aufkochen lassen (nach Belieben auch nur 100 ml Wasser nehmen und mit 100 ml Weißwein und 50 ml Noilly Prat verfeinern). Den Topf vom Herd ziehen und die mit Salz und Pfeffer gewürzten Fischfilets (beispielsweise vom Waller) nebeneinander in den Sud legen. Zugedeckt in 8–10 Minuten bei sanfter Hitze im nicht mehr kochenden (!) Sud gar ziehen lassen. Die Filets herausnehmen und mit Gemüsestreifen bedecken. Am besten mit frisch geriebenem Meerrettich und frisch gehacktem Dill bestreuen, noch ein Stückchen Butter darüber zerlassen und sofort servieren.

Meine Weihnachtsgans

Zutaten für 6–8 Personen:

1 küchenfertige Gans (5 kg)
4 Zwiebeln
2 Karotten
1/4 Sellerieknolle
1 Stange Lauch
2 EL Öl
1 Lorbeerblatt
2–3 Gewürznelken
4 kleine Knoblauchzehen
einige Petersilienstängel
Salz
Pfeffer
getrockneter Beifuß
getrockneter Thymian
getrockneter Majoran
2–3 mittelgroße säuerliche Äpfel oder Quitten

Außerdem:

1 leere Glasflasche entsprechend der Größe der Gans

Tipp: Die Glasflasche im Inneren der Gans erwärmt sich im Backofen und strahlt somit auch von innen Hitze ab. Das erkaltete Gänseschmalz schmeckt auch wunderbar auf frischem Bauernbrot.

1) Die Innereien der Gans entfernen. Hals und Flügelspitzen bis zum Gelenk abschneiden. 2 Zwiebeln abziehen und grob würfeln, Karotten schälen, putzen und in Scheiben schneiden. Sellerie schälen und in Stücke schneiden. Den weißen Teil vom Lauch waschen, putzen und in Ringe schneiden.

2) Öl erhitzen. Flügel, Magen, Herz und Hals grob zerkleinern und anbraten. Das vorbereitete Gemüse zufügen und mitbräunen. Lorbeer, Nelken, Knoblauchzehen mit Schale und Petersilienstängel zufügen. Das Ganze mit kaltem Wasser bedecken, aufkochen und etwa 2 Stunden köcheln lassen. Dann durch ein Sieb gießen und entfetten. Den Backofen auf 250 °C vorheizen.

3) Salz, Pfeffer, Beifuß, Thymian und Majoran mischen und die Gans von innen kräftig damit einreiben. Von den Äpfeln Blütenansätze und Stiele entfernen, die Äpfel vierteln und dabei vom Kerngehäuse befreien.

4) Die Gans mit den Äpfeln und den beiden übrigen Zwiebeln füllen. Die leere Flasche mit dem Hals zuerst in die Gans schieben und die Öffnung mit Spießchen verschließen (oder zunähen). Die Gans rundherum mit Salz und Pfeffer würzen, dann in Seitenlage in einen mit Wasser ausgespülten Bräter legen. Im vorgeheizten Ofen etwa 1/2 Stunde braten. Austretendes Fett laufend abschöpfen und sammeln.

5) Die Gans auf die andere Seite drehen. Mit einem Metallspieß oder Zahnstocher mehrmals in die Fettschicht an Brust, Bauch, Schenkeln und vor allem hinter den Flügeln (nicht ins Fleisch) stechen. Eine weitere 1/2 Stunde braten und dabei fortwährend das Fett abschöpfen. Wenn sich kein Fett mehr sammelt, schöpfkellenweise von der vorbereiteten Brühe in den Bräter (nicht über die Gans) gießen. Sobald sich die Brühe zur Sauce verdickt, abschöpfen und sammeln. Immer wieder Brühe in kleinen Mengen nachgießen.

6) Die Gans auf die Brust legen, weiterhin Brühe angießen. Wenn der Rücken gebräunt ist, die Gans auf den Rücken legen. Brust laufend mit Fleischsaft bepinseln, der sich im Bräter bildet. Bei knusprig goldgelber Farbe die Ofenhitze auf 190 °C reduzieren. Saucenfond abschöpfen. Erneut Brühe zur Gans gießen. Insgesamt benötigt die Gans je nach Größe etwa 3 1/2 Stunden Garzeit.

7) Die restliche Flüssigkeit abschöpfen. Die Gans etwa 20 Minuten im ausgeschalteten Ofen ruhen lassen. Währenddessen den gesammelten Saucenfond durch ein feines Sieb gießen, entfetten und abschmecken. Zum Anrichten die Flasche entfernen, die Gans tranchieren und die Fleischstücke auf eine vorgewärmte Platte legen. Als Beilage zur Gans empfehle ich Rotkraut, glasierte Maronen und Kartoffelknödel.

»Wer hat die beste Nase?« – Schnuppertest Gewürze

Vielleicht habt ihr schon Plätzchen gebacken, oder sogar ein Lebkuchenhaus. Und es ist euch bestimmt aufgefallen, dass dabei Gewürze ins Spiel kommen, die ganz schön merkwürdige Namen haben und sonst selten in der Küche auftauchen: Zimt kennt ihr von den Zimtsternen, aber kennt ihr auch Anis, Gewürznelken, Muskatnuss, Piment und Kardamom? Solche Gewürze waren früher sehr teuer, weil sie aus fernen Ländern zu uns transportiert werden mussten, und das war eine lange, beschwerliche Reise, als es noch keine Eisenbahn, keine LKWs und keine Flugzeuge gab.

Um Plätzchen und Lebkuchen den besonderen und typischen Geschmack zu geben, sind diese Gewürze sehr wichtig, sie werden allerdings nur in winzigen Portionen in den Teig gegeben, weil sie einen ganz intensiven Geschmack haben. Und einen intensiven Geruch. Heute braucht ihr wirklich ein feines Näschen. Für den Geruchstest stellt ihr die Gewürzgläser auf den Tisch, die ihr beim Backen benutzt. In ein leeres Wasserglas stellt ein paar Zimtstangen, und falls manche Gewürze in der Tüte sind, so häuft vorsichtig eine kleine Menge davon in kleine Schälchen. Es sollten aber nicht mehr als fünf verschiedene Gewürze sein.

Nun schnuppert an den Gläsern und Schälchen und lasst euch von einem Erwachsenen jeweils die Namen der Gewürze sagen. Atmet den Duft tief ein und sagt gleichzeitig laut: »Zimt«, oder »Kardamom«, je nachdem, woran ihr gerade riecht. Nehmt euch ruhig Zeit. Denn in der zweiten Testphase müsst ihr mit verbundenen Augen erraten, an welchem Gewürz ihr gerade schnuppert. Dafür lasst ihr euch die Augen verbinden, dann vertauscht ein Erwachsener die Gläser. Und nun könnt ihr auch eure Eltern oder andere Erwachsene auf die Probe stellen. Haben sie auch so eine feine Nase wie ihr? Können sie auch mit verbundenen Augen erraten, an welchen Gewürzen sie gerade schnuppern?

Es ist schon toll, was man alles schmecken und riechen kann, wenn man Lust hat, Experte zu werden. Fragt nach, was in Gerichten steckt, probiert immer wieder etwas Neues aus! Kochen und Essen ist eine spannende Sache, wenn man neugierig ist und immer neue Geschmacksabenteuer sucht!

Selbst gebastelter Christbaumschmuck

Sicherlich kann man heute den schönsten glitzernden Weihnachtsschmuck auch bequem kaufen. Doch viel mehr Spaß macht es, ihn selbst zu basteln – natürlich in der Küche. Backen Sie mit Ihren Kindern einen Baumbehang aus Salzteig. Oder basteln Sie Popcorn-Sterne als Baumschmuck.

Für den Salzteig mischen Sie 2 Tassen Mehl mit 2 Tassen Salz, 2 Esslöffeln Tapetenkleisterpulver und etwa 1/2 Tasse Wasser, bis sich die Masse zu einem zähflüssigen Teig verkneten lässt. Der Teig muss, in Klarsichtfolie verpackt, eine halbe Stunde ruhen. Dann rollen Sie ihn aus und stechen mit Plätzchenformen Tannenbäume, Herzen und Sterne aus. Nun bohren Sie noch mit einem Fleischspieß Löcher fürs spätere Aufhängen hinein. Lassen Sie die Salzteigplätzchen 24 Stunden trocknen, dann kommen sie in den Ofen, bei 120 °C für etwa zwei bis drei Stunden. Nach dem Erkalten werden die Formen bunt angemalt. Ziehen Sie zum Schluss rotes Schleifenband durch das Loch – fertig!

Popcorn selbst herstellen

Dazu braucht ihr: einen mittelgroßen Topf, Erdnussöl, 40 g Popcorn-Maiskörner, Zucker oder Salz

Am lustigsten und am sichersten ist es, wenn ihr einen Topf mit Glasdeckel nehmt. Stellt den Topf auf den Herd, gebt so viel Erdnussöl hinein, dass der Boden gerade damit bedeckt ist. Gebt das Popcorn dazu und verteilt es schön in einer Lage auf dem Topfboden. Nun legt den Deckel auf den Topf und stellt die Herdplatte auf mittlere Temperatur ein. **Den Topfdeckel jetzt auf gar keinen Fall mehr öffnen, denn die springenden Körner sind sehr heiß!** Nun seht ihr durch das Glas, wie die Maiskörner wild im Topf herumspringen. Sobald das Geknalle seltener wird oder ganz aufhört, zieht den Topf vorsichtig von der heißen Platte, damit nichts anbrennt. Wartet noch einen Moment, bevor ihr den Deckel öffnet. Dann könnt ihr je nach Geschmack Zucker oder etwas Salz über das frische Popcorn geben.
Lasst euch dabei auf jeden Fall von einem Erwachsenen helfen, weil das Fett sehr heiß wird!

Lustig sind auch **Popcorn-Anhänger.** Dafür brauchen Sie Popcorn, feste Pappe, Alleskleber und rotes Schleifenband. Schneiden Sie aus der Pappe Formen wie Sterne, Kreise oder Ringe aus, stanzen Sie ein Loch aus, um später ein Band zum Aufhängen durchzuziehen. Die Kinder verteilen dann großzügig Alleskleber auf der Pappe und kleben darauf das Popcorn. Als Variante können Sie diesen Schmuck auch noch mit Schneespray verzieren. Knoten Sie vorsichtig ein schönes Schleifenband daran und hängen Sie den Schmuck an einen großen Tannenzweig oder in den Weihnachtsbaum.

Rehrückenfilet mit Haselnusskruste und frischen Steinpilzen

Zutaten für 4 Personen:

300 g Rehrückenfilet, pariert
Salz, Pfeffer aus der Mühle
Öl zum Anbraten
5 angedrückte Wacholderbeeren

Für die Kruste:

70 g Butter
10 g glatte Petersilie
50 g Champignons
100 g Haselnüsse
1 EL Semmelbrösel

Für die Steinpilze:

200 g ganze Steinpilze
3 EL Olivenöl

Für die Sauce:

100 ml Sahne
3 angedrückte Wacholderbeeren
1 TL Senf
Salz, Pfeffer aus der Mühle

1) Für die Kruste die Butter schaumig schlagen. Petersilie waschen, trockenschütteln und hacken. Champignons putzen und in kleine feine Würfel schneiden, dann in einer Pfanne mit neutralem Öl anschwitzen. Kurz abkühlen lassen und der Buttermasse beigeben. Die Haselnüsse anrösten, dann fein mahlen. Gemahlene Nüsse, gehackte Petersilie und Semmelbrösel unterheben.

2) Die Masse auf ein Stück Klarsichtfolie streichen und fest zu einer Rolle formen. Kühl stellen. Den Ofen auf 250 °C vorheizen.

3) Pariertes Rehrückenfilet salzen und pfeffern und in einer Pfanne mit neutralem Öl und angedrückten Wacholderbeeren kurz auf beiden Seiten scharf anbraten (jeweils 1 Minute). Das Filet abkühlen lassen.

4) Die Kruste in dünne Scheiben schneiden und das ganze abgekühlte Filet damit bedecken.

5) Das Filet in den Ofen schieben und etwa 8 Minuten goldbraun gratinieren.

6) Währenddessen die Steinpilze putzen und der Länge nach in Scheiben schneiden. In einer Pfanne in etwas Olivenöl auf beiden Seiten anbraten.

7) Für die Sauce die Sahne mit dem Senf verrühren, die angedrückten Wacholderbeeren hineingeben. Einmal aufkochen und mit Salz und Pfeffer abschmecken. Separat zum Rehrücken und den Steinpilzen servieren.

Tisch decken

Wenn Sie mit diesem Buch das gemeinsame Kochen und Essen neu entdecken, dann sind Sie auf dem besten Weg, etwas zurückzuerobern, was immer mehr in Vergessenheit gerät: unsere Tischkultur. Die Kinder machen es den Eltern nach, und wenn die sich mit einem Sandwich auf das Sofa setzen, wird der Nachwuchs das übernehmen. Und es liegt auf der Hand, dass der gedeckte Tisch aus unserem Leben verschwindet, wenn wir nur noch im Stehen, Sitzen oder Liegen einen Snack verdrücken. Ein Verlust, den wir nicht hinnehmen sollten.

Noch für meine Generation war es ganz selbstverständlich, dass am Tisch gegessen wurde. Geschirr und Besteck waren reichlich vorhanden, meist hatte man auch Erbstücke, die in Ehren gehalten wurden. Das musste nicht gleich ein komplettes Silberbesteck sein, auch das Kaffeeservice von der Großmutter vermittelte das Gefühl, dass eine Tradition weitergegeben wurde – oder eine einzelne besondere Bratenplatte, mit der eine Geschichte verbunden war. Ex und hopp: Heute leben wir in der Wegwerfgesellschaft. Es wird schnell etwas gekauft und bald durch anderes, Neues ersetzt, es gibt kaum noch Stücke, die gepflegt und zu besonderen Anlässen hervorgeholt werden. Wozu auch, wenn die Pizza oder der Burger aus der Hand in den Mund gegessen wird? Auch wenn das erst einmal eine Investition bedeutet: Gönnen Sie sich ein Markengeschirr, das Sie immer wieder nachkaufen können. So vermeiden Sie das ungeliebte Sammelsurium, das sich sonst anhäuft. Viele Klassiker sind heute in spülmaschinentauglicher Variante zu haben, und Sie können nach und nach ergänzen, was Sie wirklich brauchen: Kuchenteller, Platzteller oder Saucieren. Dasselbe gilt für Gläser: Achten Sie darauf, dass Sie sie nachkaufen können, und nehmen Sie Ihre Kinder ruhig zum Aussuchen mit, auch für das Besteck, mit dem Kinder leicht umgehen können sollten.

Für Ihre Kinder – und nicht nur für Kinder – ist es ein wunderbares Gefühl, wenn Sie neue Traditionen erfinden und dem gemeinsamen Essen ein unverwechselbares Gesicht geben.

Neben dem Basisgeschirr können das zum Beispiel Weihnachtsteller sein, die jedes Jahr wieder auf den Tisch kommen. Oder spezielle Gläser für festliche Gelegenheiten. Zelebrieren Sie von Zeit zu Zeit ein großes Familienessen, bei dem der Tisch liebevoll eingedeckt wird, mit schönem Geschirr, Blumen, Kerzen und Stoffservietten. Lassen Sie Ihre Kinder Tischkarten schreiben und bemalen, ältere Kinder haben vielleicht Lust, eine fantasievolle Menükarte am Computer zu gestalten und auszudrucken.

Selbst im Alltag können Sie die Tischkultur mit wenigen Griffen aufleben lassen. Farbige Sets, bedruckte Papierservietten, Kinderbesteck, eine einzelne Blume in einem Wasserglas, und schon nehmen Sie an einem inszenierten Tisch Platz, an dem man nicht nur isst, sondern auch gern noch ein bisschen verweilt. Wann sonst, wenn nicht am Tisch kann sich die Familie täglich versammeln und sich austauschen? Aufwendig muss das alles nicht sein. Ein glatter Holztisch mit Wiesenblumen erfreut das Auge genauso wie ein Damasttischtuch, auf dem ein üppiges Bouquet aus Floristenhand steht.

Das Weihnachtsfest bietet alle Voraussetzungen für kreative Ideen rund um die Tischdekoration. Wenn Sie es natürlich mögen, schmücken Sie den Tisch mit schönen Tannenzapfen und kleinen Zweigen und stellen Sie einen Teller mit unterschiedlich großen Kerzen in die Mitte. Wer mehr Glitzer und Glamour mag, legt den Tisch mit Engelshaar aus und verteilt silberne Kugeln darauf.

Das Magische ist: Wenn Sie an einem festlich gedeckten Tisch sitzen, brauchen Sie sich um die Tischsitten gar keine Sorgen mehr zu machen. Kein Kind kann sich dieser Stimmung entziehen, jeder isst automatisch langsamer und genussvoller. Das sind Augenblicke, die man nicht vergisst und die auch noch in den Alltag hineinstrahlen. Entwickeln Sie Rituale, wie Trinksprüche, und feiern Sie gemeinsam den Moment!

Eis-Soufflé mit Orangenragout

Zutaten für 6 Personen:

Für das Eis-Soufflé:

2 Eier
4 Eigelbe
100 g Zucker
60 ml Orangenlikör
400 g Sahne
1 EL Kakaopulver

Für das Orangenragout:

4 Orangen
30 g Zucker
8 cl Orangenlikör
Saft von 1 Zitrone
1/2 Vanilleschote
1/2 Zimtstange
5 g Kartoffelstärke, mit einem Schuss kaltem Wasser angerührt

Außerdem:

6 feuerfeste Förmchen (Durchmesser 8 cm, Höhe 4 cm)
Pergamentpapier
1 Spritzbeutel

Tipp:
Wenn Kinder mitessen, den Alkohol einfach durch Orangensaft ersetzen!

1) Eier, Eigelbe und Zucker schaumig rühren. Den Orangenlikör hinzufügen. Die Sahne steif schlagen und mit einem Schneebesen unterheben.

2) Am inneren Rand entlang die Soufflé-Förmchen mit einem breiten Pergamentpapierstreifen umlegen, sodass der Papierrand etwa 2 cm über den Rand des Förmchens ragt.

3) Die Soufflé-Masse mit einem Spritzbeutel bis knapp unter den Papierrand einfüllen und über Nacht tiefkühlen.

4) Die Orangen so abschälen, dass auch die weiße Haut mit entfernt wird. Filets herausschneiden, den Saft der Orangen dabei auffangen.

5) Den Zucker in einer kleinen Pfanne karamellisieren lassen und mit Orangenlikör ablöschen. Den Orangensaft, den ausgepressten Zitronensaft, die Vanilleschote und die Zimtstange beigeben. Alles einmal aufkochen lassen. Mit der Stärke binden. Die Karamellsauce abkühlen lassen. Dann die Orangenfilets beigeben.

6) Die Soufflés aus dem Gefrierschrank nehmen und die Oberfläche dünn mit Kakaopulver bestreuen. Das Papier entfernen und das Eis-Soufflé mit dem Orangenragout servieren.

Rezeptregister

Januar

Februar

März

April

Mai

Juni

Juli

August

September

Oktober

November

Dezember

Leckere Kleinigkeiten (Schmankerl), Suppen und Salate

Gerichte mit Fleisch

Gerichte mit Fisch und Meeresfrüchten

Gemüse- und Nudelgerichte

Süßspeisen und Desserts

Kuchen und Gebäck

Dips und Saucen

Getränke

Danksagung

Ein sehr herzliches Dankeschön des Christian Verlags geht an unseren Fotografen Klaus-Maria Einwanger (www.foodartfactory.de), unsere Foodstylistin Monika Schuster (www.monika-schuster.de), an Christian Kempf und das gesamte Team im Fotostudio in Rosenheim sowie an alle anderen Mitwirkenden: Uschi Ghotra, Barbara Duhnke, Anka Köhler, Ingrid Arendt, Hans-Jörg Bachmaier, Herbert Hintner, Max Illich und Christoph Lindpointner (Hangar 7), Jörg Wörther, Daniel Kill und Michael Berling, die sich mit großem persönlichem Engagement für diese Produktion eingesetzt haben.

Außerdem bedanken wir uns bei Hans Haas und der Hans Haas Kochschule in München (www.hans-haas.de) dafür, dass wir seine schöne Profiküche für unsere Fotoproduktion nutzen durften.

KOCHSCHULE
Lust auf Genuss.

Der KUNST-KINDERGARTEN in der Münchner-Maxvorstadt

Der Kunst-Kindergarten bedankt sich herzlich für die Zusammenarbeit

www.kunstkindergarten.de
info@kunstkindergarten.de
Tel.: (089) 271 36 28

Und ein besonderer Dank gilt allen kleinen großen Künstlern des Kunst-Kindergartens sowie ihrer Leiterin, Ursula Naumann, für ihren kreativen Einsatz auf den Spuren von Seeteufel & Co.

Der Verlag dankt außerdem der Familie Staudacher in Gögging, auf deren idyllischer Wiese wir unser Picknick fotografieren durften. Und der Bäckerei Hauer in Grünwald, die uns mit Brot und Gebäck versorgt hat.

Und wir bedanken uns bei der Visagistin Cornelia Wiedemann von der Firma Artdeco (www.artdeco.de).

Unser ganz lieber Dank geht natürlich an unsere süßen Kinder-Models und an deren Eltern für ihre tolle Unterstützung sowie an die fleißigen Helfer Dido Nitz, Andrea Gast und Corinna Wild.

Bildnachweis

Alle Fotos (Food und People) von Klaus-Maria Einwanger, außer: S. 1, 16, 49 (Privatbesitz)

Ein großes Dankeschön des Verlags geht an die folgenden Firmen, die uns mit wunderschönen Möbeln, Requisiten und Accessoires aus ihrem Sortiment unterstützt haben:

Abovo
Buttermelcherstr. 2
80469 München

Blessing & Overbeck
Bognerweg 30
82234 Wessling

Bottles & Glashaus
www.bottles.de

Brocanterie PurPur Einrichtung
Lois_mock@yahoo.de

Butlers
www.butlers.de

F.S. Kustermann
www.kustermann.de

Hornberger Stilmittel
www.hornberger-stilmittel.de

Ikea Eching
www.ikea.de

Kochgut
Schloßstr. 7
81675 München

Le Creuset GmbH
www.lecreuset.de

Nostalgie im Kinderzimmer
www.nostalgieimkinderzimmer.de

Radspieler
Hackenstr. 4 + 7
80331 München

Stefan Sassenrath (Schreinerei)
www.alles-aus-holz.info

Tavola – Küchenladen GmbH
www.tavola-shop.de

Vier Werkstätten
Fraunhoferstr. 20
80469 München

Weishäupl Werkstätten
www.weishaeupl.de

Impressum

Rezepte, Text und Idee: Eckart Witzigmann, Dr. Christine Eichel
Konzeptentwicklung, Redaktion: Florentine Schwabbauer, Tanja Germann
Lektorat: Tanja Germann
Layout, Satz und Umschlaggestaltung: Verena Böning, Böning Design
Korrektorat: Petra Tröger
Lithografie: Reproline Genceller
Fotografie: Klaus-Maria Einwanger, food art factory
EBV/Assistent: Christian Kempf
Foodstyling: Monika Schuster (www.monika-schuster.de)
Styling: Steffi Müller, Nicole Zweig
Assistent: Stefan Schlag
Aquarelle im Innenteil und auf dem Einband von Kindern des Kunst-Kindergartens München, unter der Leitung von Ursula Naumann.
Models (groß): Christian, Deborah, Michael, Monika, Sabine, Sven, Tanja, Verena, Véronique
Models (klein): Benny, Carla, Emma, Eva, Greta, Helen, Jona, Josi, Lea, Liam, Luis, Luna, Marietta, Max, Pia, Susi, Thimo

www.christian-verlag.de

Druck und Bindung: MKT Print
Printed in Slovenija

ISBN-13: 978-3-88472-707-2
ISBN-10: 3-88472-707-9

Hinweis

Alle Informationen und Hinweise, die in diesem Buch enthalten sind, wurden von den Autoren nach bestem Wissen erarbeitet und von ihnen und dem Verlag mit größtmöglicher Sorgfalt überprüft. Unter Berücksichtigung des Produkthaftungsrechts müssen wir allerdings darauf hinweisen, dass inhaltliche Fehler oder Auslassungen nicht völlig auszuschließen sind. Für etwaige fehlerhafte Angaben können Autoren, Verlag und Verlagsmitarbeiter keinerlei Verpflichtung und Haftung übernehmen.

Korrekturhinweise sind jederzeit willkommen und werden gerne berücksichtigt.